文通天下

突 破 认 知 的 边 界

内驱力
学习法

无隅 著

苏州新闻出版集团
古吴轩出版社

图书在版编目（CIP）数据

内驱力学习法 / 无隅著. -- 苏州：古吴轩出版社，2023.12
　　ISBN 978-7-5546-2238-4

Ⅰ. ①内… Ⅱ. ①无… Ⅲ. ①学习方法－家庭教育 Ⅳ. ①G791②G78

中国国家版本馆CIP数据核字(2023)第224023号

责任编辑：顾　熙
封面设计：李果果

书　　名：内驱力学习法

著　　者：无　隅
出版发行：苏州新闻出版集团
　　　　　古吴轩出版社
　　　　地址：苏州市八达街118号苏州新闻大厦30F
　　　　电话：0512-65233679　　邮编：215123
出 版 人：王乐飞
印　　刷：天津旭非印刷有限公司
开　　本：880mm×1230mm　1/32
印　　张：7.5
字　　数：131千字
版　　次：2023年12月第1版
印　　次：2023年12月第1次印刷
书　　号：ISBN 978-7-5546-2238-4
定　　价：49.80元

如有印装质量问题，请与印刷厂联系。022-22520876

目录 CONTENTS

第一章

早晨60分钟，99%的学生都浪费了32分钟以上

01 早晨起床可别蒙，管好自己的起床气 / 002

02 这一天要做什么，出门前要说好 / 008

03 上学路上背一背，碎片时间不放过 / 014

04 晨读要"读"，可别用来抄作业 / 019

第二章

真正的听课，不是"听"这么简单

01 高效多维的课前预习，学霸的制胜法宝 / 026

02 勤于思考善预习：不同学科有不同的预习方法 / 031

03 克服走神有妙计：日常训练好，听课没烦恼 / 036

04 紧跟老师的解题思路，少走弯路好舒服 / 041

05 "好记性不如烂笔头"，必须学会记课堂笔记 / 046

06 多举手，多互动，激发孩子的学习兴趣 / 051

第三章
休息不是偷懒，劳逸结合效率更高

01 走出教室，才算课间休息 / 058

02 午睡，午睡，一定要午睡 / 063

03 放学路上，抓住与父母沟通的好机会 / 069

04 自律的人都有良好的作息习惯 / 075

第四章
家长生气，学生着急，写作业为何这么难？

01 不需要家长督促，自己也可以写作业 / 084

02 学好数学，课本例题要记牢 / 089

03 学好语文，做生活的有心人 / 095

04 学好英语，脑袋、嘴巴齐上阵 / 101

05 做题又好又快，总结做题技巧少不了 / 107

06 跟所有的马虎说"拜拜" / 113

第五章

课后复习：偷偷变强，惊艳众人

01 课后复习一团糟，先制订计划再行动 / 120

02 记忆有时效，课后复习必须趁热打铁 / 125

03 善用主动性思维："过电影式"复习法 / 131

04 摆脱惯性思维：不同科目可以交替复习 / 137

05 考试复习：既要全面，又要抓重点 / 143

06 重视考前心态，它和复习一样重要 / 149

07 考后总结，是为下一次更好地"战斗" / 155

第六章

假期安排好，回校没烦恼

01 周末兴趣班别太满，留点时间给学业 / 162

02 小长假很短，可别玩"嗨"了 / 167

03 寒暑假过去，许多同学都在偷偷进步 / 171

第七章

掌握学习小技巧，事半功倍效率高

01 清除无关因素，学习环境越简单越好 / 178

02 总是记不住关键点：三个方法提高记忆力 / 184

03 高效时间管理法：番茄工作法 / 190

04 找到小伙伴，互相监督，共同进步 / 196

第八章

从他律到自律，助你学会主动学习

01 提高学习能力，与掌握学习技巧同样重要 / 204

02 沉迷网络危害大，学会主动摆脱它 / 208

03 用好"四象限法则"，掌控自己的生活 / 214

04 自律的你要自觉养成好习惯 / 220

05 消除思维误区，你也能做自律的人 / 226

chapter 1

第一章

早晨60分钟，
99%的学生都浪费了
32分钟以上

01

早晨起床可别蒙，管好自己的起床气

在需要早起上学的清晨，同学们有时会被一股莫名的情绪所笼罩：有时候是一种生气的感觉，想要对着父母大喊大叫；有时候是一种烦躁的感觉，仿佛看到的一切事物都那么不顺眼；有时候是一种焦虑的感觉，心中对即将开启的一天充满着抵触情绪……

其实，这些表现都属于起床气，起床气产生的原因有很多，可能是身体因素（如睡眠不足、身体不适），也可能是环境因素（如起床时受到惊吓或强烈刺激）。不论是什么原因，一旦起床气"被触发"，我们的大脑会立刻产生焦灼和难受的情绪，从而影响整个早晨的节奏和状态。如果不能及时消除起床气，甚至可能会影响接下来一天的状态，如产生沮丧、消极等情绪，进而出现注意力下降、听课不专心等问题。

小玉今年9岁，正在上小学三年级。每天早晨准时起床对她来说是个难题。无论几点睡觉，她早晨醒来时总是蒙的。即使听到闹钟响起，她也不愿意立刻爬起来。冬天时，起床就更加痛苦了，被子外面冷飕飕的，窗户外面灰蒙蒙的，根本没有早晨的感觉。

闹钟对小玉来说就是个摆设，到最后还是要靠妈妈把她从床上拽起来。

可即便如此，起床后的小玉也总是找不到状态，洗漱时磨磨蹭蹭，吃早饭时无精打采，这也常常让她成为班上最后一个进教室的同学。

到底该怎样管好自己的起床气，让每一个上学的早晨都能够顺顺利利的呢？

首先，我们得认清现实。要知道，很多事情不是通过拖延时间就可以解决的，拖延只会让事情变得更糟糕。赖床几分钟、发泄起床气可以令心情舒畅，可是付出的代价是本就不充裕的早晨时间被浪费，后面要完成的一系列事情都会因此而延后，你不得不改变节奏，变得匆匆忙忙。

时间在发泄起床气中被浪费，早饭只能匆匆吞几口，到了学校需要小跑着进教室，等坐到座位上，别的同学已经开始晨读，而你还在气喘吁吁地找课本。

发泄起床气不会给你带来任何好处，你还是要按时去上学。所以，要学会收敛自己的脾气，接受"学生的任务是学习，只要上学就必须早起"的事实。

如果起床后觉得自己情绪不好，那么你可以适当地发呆缓一缓，但绝不可以无节制地发呆。当闹钟响起，或是父母叫醒你时，一定要立刻起床，脱离被窝这个温暖的环境，选择在书桌前或者镜子前默默地站1~2分钟，让自己尽快清醒，进入状态。

其次，我们还得树立良好的时间观念。 很多时候我们行为上的拖延，是因为缺乏时间观念，不清楚自己完成一件事到底需要花费多少时间。

为了充分利用起床后的每一分钟，首先，你可以计算出自己穿衣、洗漱、吃早饭等的用时；其次，从起床到出门前要做的每一件事都要固定时间，这个时间要比正常的用时缩短一些，让自己有一定的紧迫感；最后，再根据每天出门的时间，推算出早晨起床的时间。

这样，你从一睁眼开始，就知道自己必须紧凑地完成每一件事才能按时出门，按时到校。同时，还可以提醒自己，只要有一件事所花的时间超过了规定用时，后面的事就必然会受到影响，从而督促自己不磨蹭、不拖延。

最后，要让早晨更加有计划性。对于学生而言，早晨的活动几乎是固定的：起床、穿衣服、洗漱、收拾书包、吃早饭等。无论你习惯按怎样的顺序进行，都要将顺序固定下来。不能今天起床后先收拾书包，明天起晚了又直接去吃早饭。混乱无序的早晨最容易让人失去时间观念，引起慌乱，进而带来焦虑的情绪。

并且，我们还可以让计划更加合理。就拿收拾书包为例，这件事完全可以放到前一天晚上去完成。只要写完了作业，就可以对照课表，把第二天要用到的课本、要交的作业都装好。这样也能让早晨起来要做的事情少一些，慌乱少一些。

有时父母的某些行为也会引发我们的起床气。

阿荣的妈妈就曾因为使用了错误的叫醒方式，引起了阿荣强烈的抵触情绪。

他的妈妈每天早晨都会用力地打开他的房门，然后迅速拉开窗帘并打开房间的灯，大声将他叫醒。到了秋冬季节还会特意打开窗户，试图通过寒冷的空气让他清醒。即使是这样，每天早晨，他也依然会把自己裹在被子里装睡，一定要妈妈催促三四遍，甚至强硬地掀开被子才会起床。阿荣有时候还会因为妈妈催得急，而对妈妈发脾气。

　　可阿荣越是这样闹，妈妈越是忍不住要教训他，一边数落着他一边不停地催促。时间久了，母子俩的关系也受到了影响。

　　所以，父母强硬的叫醒方式，也是诱发起床气的原因之一，也就是前文所述的，因外界环境带来突然的惊吓或强烈的刺激而产生了逃避和对抗情绪。如果你的父母也采用了类似的叫醒方式，你可以尝试与他们沟通，请他们选择更加温柔的方法将你叫醒。

　　你可以告诉父母，当你还在熟睡时，他们应该尽量轻轻地靠近你，一边轻拍你的身体，一边小声地叫醒你。同时还要告诉父母尽量减少说"到点该起床了""再不起要迟到了"这类模糊了时间的话，而要给出具体的时间，说

"现在是7点,该起床了""你还可以再睡5分钟,然后就必须起床"这类具有计划性和一定指令性的语句。这样也可以帮助你养成良好的时间观念,使你做事更有计划性。

此外,利用柔和的光线变化营造温馨放松的氛围也是一种好方法。比如,父母可以只拉开窗帘的一角,让少量的光线进入房间,或是先把台灯打开,给孩子一段适应、缓冲的时间。

如果不喜欢闹钟尖锐刺耳的声音,那么你可以告诉父母在第一次叫醒你之后,播放一些轻柔欢快的音乐,并尽量使用较低的音量,来帮助你清醒。

在这个过程中,我们应该与父母多多交流,找到最适合自己的起床方式,可不要因为起床气而浪费了宝贵的早晨时间。

02
这一天要做什么，出门前要说好

每天早晨6点30分，妈妈会准时叫醒禾禾，然后一边做早饭，一边催着她赶快起床。好不容易等到禾禾磨磨蹭蹭地穿好了衣服，转头一看，她却又站在洗漱台前玩起了肥皂泡泡。

妈妈又是着急又是生气，把禾禾拉到餐桌前，胡乱给她塞了几口饭，又去帮着她收拾书包。早晨的时间实在是太紧张，每天早晨出门前都是一阵鸡飞狗跳，加之禾禾自己也是个马大哈，不是搞错课程表，就是忘带东西。

星期一，禾禾："妈妈，周一有升旗仪式，红领巾在哪儿啊？"

星期二，妈妈："禾禾，你今天有体育课，出门记得穿运动鞋。"

星期三，禾禾："妈妈，快开门，我刚刚想起来忘带英语练习册了！"

星期四，妈妈："禾禾，快点吃饭！你忘了今天爸爸不能送你吗？你得早点出门去坐公交车。"

很多同学应该都有过这样的经历：无论几点起床，都会有一种时间不够用的紧迫感；无论爸爸妈妈如何叮嘱，自己都会丢三落四，有时甚至进了教室才发现忘了带作业或学习用品。

其实，爸爸妈妈也会为此头疼。一份调查报告显示，父母在到公司之前，每天早晨要完成近40件琐碎的事情，其中就包括叫孩子起床、帮孩子穿衣、催孩子吃饭、送孩子上学等。在这样忙乱的状态下，既要照顾好孩子，又要按时到公司，如果孩子再不愿意配合，拖延了时间，难免会让父母感到焦急、烦躁，争吵和批评也时有发生。

而这一切的原因就在于没有计划性。如果不能在出门前把一天要做的事情梳理清楚，那么每天早晨都将会是无序的、盲目的，还会在慌乱中忘记很多事情。

想要摆脱这样的状况，各位同学要和父母共同努力，按照下面的方法，做好各自职责内的事情，共同养成良好的习惯。

孩子要做好的事情主要有三方面。**第一，对照课程表，逐项检查上学需要的物品；第二，固定晨起的流程，并严格按照流程执行；第三，出门前与父母沟通协商好这一天的计划，做到言出必行。**这三点看起来很简单，执行起来却没有那么容易。

首先，是对照课程表，逐项检查上学需要的物品。很多同学没有看课程表的习惯：有些人只注重几门主课，每天收拾书包时，只保证这几门主课需要的课本和作业不落下；有些人因为怕麻烦，每天恨不得背着所有的课本和学习资料去上学，但这不仅加重了负担，还给翻找资料带来了麻烦。

这些偷懒的办法都不是长久之计。随着学习的深入，学业逐渐加重，需要学习的科目会越来越多，相关的课本、试卷、练习册等也会越来越多。只有养成背诵课程表，对照课程表收拾书包的习惯，才能让自己的学习生活更有计划性和条理性，才能不至于到了教室才发现忘记带课本，影响听课效率。

其次，是固定晨起的流程，并严格按照流程执行。刚开始，你可能会没有时间的概念，把握不好做每件事需要的时间。这时候，可以和父母一起，加入他们的早起计划。因为大人的时间感相对较强，跟父母一起做，慢慢跟上他们的节奏，就不怕把握不好时间了。

有些家庭的早晨，每个人都是匆匆忙忙的：爸爸在洗漱，孩子想先吃饭，妈妈又过来催孩子赶紧收拾书包……每个人都有自己的想法，有时候就会产生冲突。

如果大家都能按照固定的流程忙碌，就可以避免这样的矛盾发生。比如，在父母把你叫醒后，和他们一起洗漱；在父母为你准备早餐时，不要磨磨蹭蹭只等着吃，而是帮着一起做些简单的准备工作，如热牛奶、剥鸡蛋、拿餐具等。

这样做可以培养孩子和父母之间的默契，通过不断的配合，可以摸索出最省时、最高效，并且大家都能接受的流程。

最后，也是最重要的一点，出门前与父母沟通协商好这一天的计划，做到言出必行。可能有人会认为这一点有些多余——自己这一天要做什么事，自己去完成就好了，有必要告诉父母吗？

其实，这是很有必要的。与父母沟通协商更像是一种提醒和约定，把计划说出来要比自己在心中默念更有约束力。

比如：你可以告诉父母自己这一天要上什么课，每门课的进度如何；如果学校有什么活动也可以说出来，顺便让父母提醒自己准备相应的物品。而且，有些同学在放学后自己乘坐公共交通工具回家，难免会在路上和同学聊聊天，吃吃零食。如果每天出门前和父母约定好回家的时间，也能给自己提个醒，以免在路上耽误太长时间。

说完孩子的部分，现在来聊聊对父母的要求。**父母的责任主要是协助和监督，这比催促和责备要更有效果。**

父母可以协助孩子做到上面三点：对于低年级的同学，父母可以每天在旁边协助收拾书包，早晨提醒与协助孩子按照固定流程起床、穿衣、洗漱等，然后在出门前引导孩子说出一天的计划，并帮助孩子记住要做的事情。对于年龄稍大一些的孩子，父母应该学会放手，培养孩子的独立性，尽量让孩子自主完成这些任务，父母只要做好监督工作即可。

一旦养成了良好的习惯，早起上学将不再那么痛苦。在帮助你培养良好习惯的过程中，你要告诉父母，他们一定要有耐心，管住自己的暴脾气，不要用催促或吼叫的方式给你带来太大的压力。即使你偶尔忘记带东西或者忘记了事情,也不要过分责备,甚至在出门以后继续数落。

父母要知道,他们责备的话语只会影响孩子这一天的情绪,造成孩子学习效率低下。

03
上学路上背一背，碎片时间不放过

科学研究表明，人的记忆力在一天当中是随着时间变化的，早晨6点至8点是记忆的第一个黄金时段。我们的大脑经过一整晚的休息，正处于非常放松的状态，我们的身体也因为刚刚苏醒，体温比较高，血液循环比较快，充满了活力，再加上早晨大脑不会受到过多外界信息的干扰，所以这正是背诵的好时机。

很多同学习惯放学后先完成书面作业，再完成其他类型的作业；家长们也因为工作等原因，习惯在晚间辅导作业或者检查背诵。这样做往往会将背诵推迟到很晚才进行，可是经过一整天的学习，大脑已经处于十分疲惫的状态，此时的背诵效果往往并不理想。

小马今年上四年级,他每天最紧张的时候,就是晚上爸爸检查课业的时候。首先,爸爸会检查他的语文课业,一般是让他先背诵课文,再听写课文里的生字和生词;其次,会检查英语课业,他除了要听写课本里的单词,还要背诵《新概念英语》,这本书是爸爸给他买的。

可是,小马每天写完作业后都感觉好困、好累,面对检查,他总是迷迷糊糊的,有时已经背熟的课文,再检查时就背得磕磕巴巴的了。爸爸的要求从来不会降低,如果背错了,小马就要继续背诵,直到背完才能睡觉。

小马的爸爸也很苦恼:自己平时工作忙,下班晚,只有晚上有时间辅导孩子。一边是想保证孩子的睡眠时间,一边是不想降低对孩子的学业要求,到底该如何平衡呢?

大家有没有遇到过这样的难题呢?父母下班时间晚,回家后还要忙着干家务,再加上检查作业、抽查背诵等,睡眠时间便有可能被挤占。

想要解决这个问题,我们不如将需要背诵的重点知识放到第二天上学的路上来完成。无论是背课文还是背单词，都可以利用早晨这个记忆力的黄金时段来完成。这样既利用了碎片时间，又提高了背诵效率，可以达到事半功倍的效果。

当然这样做的前提是，早晨起来不拖延，完成各项准备工作后，按时出门上学。大家可以在注意安全的前提下，根据不同的出行方式，选择适合自己的学习方式。

一、坐公交、地铁上学

乘坐公共交通工具上学的学生，往往会赶上早高峰，很多时候都没有座位，只能一路站着。因此，**可选择制作记忆小卡片的方法，帮助背诵**。应该尽量选择小一些的本子，最好是一只手能拿住、方便从口袋中拿取的本子。当车厢里人多的时候，太大的笔记本、课本不方便从包里拿出来。

制作卡片也有技巧，比如，将英语单词和对应的中文写在不同的纸上，或者在抄写时将英语单词与中文隔开一定距离，以便在背诵过程中进行遮挡。

当然，记忆卡片的内容不仅仅是英语单词，还可以包括拼音、古诗、成语、数学公式等。只要是想背诵的内容，都可以利用这种方法背起来。

二、家长开车接送

家长开车接送孩子上学的，路途有长有短，短则10分钟，长则几十分钟。**可以根据路途的长短，选择合适的学习方式。**在这种情况下，学习条件较好，可以直接拿出课本或者复习资料看和背。如果在车上看书会晕车，那么可以采用听的方式学习。

比如，背诵英语单词时，借助英语课本后面附带的单词表录音，一边听一边学。以一个单元的单词为一组，根据英语课堂上的进度，按照"熟练跟读—熟练听—熟练背"的次序，逐渐掌握这组单词。"熟练跟读"是指能跟着录音准确地读出每一个单词，并且掌握正确的发音；"熟练听"的要求是听到每一个单词的时候，能记住这个单词对应的中文意思；"熟练背"是要能在听到单词后背出单词的拼写。

如果想背诵语文课文，可以事先在家把课文朗读几遍，并把自己朗读的内容录下来，上学路上一边听一边跟读。一开始听到自己的声音可能会觉得尴尬，但只要克服最开始的心理障碍，你会发现，用这种方式背诵课文，效率会提升不少。

在车上学习需要家长的配合。各位同学可以提醒自己的父母：无论出门前经历了什么，父母没必要在上学的途中再进行多余的批评和指责。上车后，同学们都应该尽快调整好情绪，拿出背诵材料，进入学习状态，而不要与家长争吵或者只顾着聊天。

总而言之，利用上学路上的时间学习，不只是因为这段时间是黄金记忆时间，更重要的是，可以养成利用碎片时间学习的习惯。生活中碎片时间有很多，上学路上、放学路上、午休前、晚饭前、等车的时候、排队的时候等。只要用心，能挤出来的时间还有很多。一旦全部利用起来，学习的时间将会多出很多，并且能让我们一直处在学习的状态中，提高大脑的兴奋度，从而提升学习的效率。

04

晨读要"读",可别用来抄作业

周一早上是语文晨读课,班主任杨老师走进教室,发现教室里一片嘈杂,学生们的状态也是各种各样的:有的学生在认真地大声朗读课文,不仅声音洪亮,还带着丰富的情感;有的学生看上去在默读课文,老师走近一看,原来在看课外书;有的学生正坐在座位上发呆,看上去迷迷糊糊的,一副还没睡醒的样子;有的学生则趴在桌子上,用翻开的语文课本盖住头,睡起了回笼觉;还有些学生在奋笔疾书,原来是因为周末贪玩,作业没做完,现在正忙着补落下的作业……

杨老师开始整肃纪律,要求同学们打开课本,齐声诵读上周语文课上学习的课文。

教室里终于响起了琅琅的读书声，孩子们清脆稚嫩的声音传出了窗外，让路过的人都不自觉地微笑起来。

从小学到中学，开启一天校园生活的往往是晨读。晨读，晨读，关键在于"读"，只有张开嘴巴大声地读出来，才算是真正意义上的"朗读"。教育专家张田若先生就曾说："阅读教学，第一是读，第二是读，第三还是读。读懂的过程就是阅读能力形成的过程，就是语感形成的过程，就是语言累积的过程。"而现实情况却不尽如人意，很多学校的晨读课已沦为形式主义，其主要原因有三个：

第一，也是最重要的，是学生自己不重视。很多学生并没有意识到晨读的重要性，不知道该读什么、读多少、读多久，可以说毫无计划性。而且，有的学生只在老师进教室时读一会儿，等老师一走，想干什么就干什么。

第二，作业未及时完成而影响了晨读。很多学生因为前一天的作业没有完成，所以利用晨读的时间抄补作业。希望大家自觉避免。

第三，老师监管力度不够。有些学校的老师因为各种原因，晨读课时不会一直待在教室里，也不会组织学生晨读，这就造成了班里纪律混乱，学生自由散漫的现象。

不知各位同学有没有思考过一个问题：为什么在我们的课表中，语文晨读课后的第一节课通常是语文课，英语晨读课后的第一节课通常是英语课？

这是因为早晨的这段时间，我们的大脑正处于从苏醒到清醒再到高效运转的过程中，通过上学路上的学习，我们的大脑已开始工作，但我们的身体还没有"活跃"起来。这时就要利用晨读的时间，通过放声朗读，排出胸腔内的浊气，提振精神，让身体跟着大脑兴奋起来，克服神经系统的惰性。这就相当于运动之前的热身活动，即在上语文课或者英语课之前，通过晨读"热热身"。

但正如上文所说，很多学生不重视晨读，是因为他们"不会"晨读，不知道该读什么、读多少、读多久。接下来，我们就详细说说，**晨读到底该怎么读**。

首先，要强调的一点是，默读、默背和朗读的效果是不一样的。默读和默背是输入过程，读出声音、背出声音是输出过程。**只有读出来，才算是经过自己的大脑和嘴巴说了出来，才算是把脑内的知识应用起来，才能够加深记忆。**

有些同学可能会有这样的经历：语文老师和英语老师

经常会布置一些背课文的作业。本来自己在私下准备得很充分，默背时也能把课文完整地背下来，但是到了老师面前，总是容易卡壳。发生这种情况除了因为心理因素（看到老师紧张），还因为自己默背和看着老师大声背诵是两个完全不同的过程。

其次，晨读的内容应该根据不同科目的教学进度来决定。比如，一篇语文课文需要三天学完，那么在这三天的语文晨读课上，就应该朗读与这篇课文有关的内容，包括拼音、生字、词组等。如果即将开始一篇新的课文的学习，那么在晨读课上就应该预习新课文，先试着独立把课文读下来，查字典，给不认识的字、词标注读音。

最后，是解决读多少和读多久的问题，这需要每个同学根据自己的学习能力来调整。关键是紧跟老师的进度，学新内容时提前预习，没有新内容时全文复习。比如，今天的英语课会讲课文的第二段，这是一段全新的内容，那么，为了防止自己在课堂上对课文太过陌生以致跟不上进度，晨读时首先要做的就是预习要学习的段落，然后再考虑其他段落的复习或者预习。如果一篇英语课文已经学完，今天的英语课会复习课文和讲习题，那么晨读时要做的就是通读全文，并熟记课文中所有的生词和词组。

总结来说，晨读的关键包括两点：一是认真读课本，不要害羞，大声读出来，要读懂语义，读出情感；二是晨读内容紧跟课程的教学进度，做到"有新读新，无新复习"。相信各位同学在坚持一段时间后，都能看到自己在学业上的进步。

chapter 2

第二章

真正的听课,
不是"听"这么简单

01

高效多维的课前预习，学霸的制胜法宝

一些学生在记作业时有一个容易被忽视的不良习惯：只记录书面作业，而不重视背诵、预习类作业，甚至压根不认为这是需要完成的作业。低年级的课堂内容简单，多数学生在课上就能将知识消化，因此这样的习惯并没有造成十分严重的影响。但是随着年级升高，课堂内容增多，知识难度上升，有些学生就出现了跟不上课堂进度的情况，很多不懂的知识点只能放到课后自己琢磨。如果没有全部弄清楚、学明白，就会积攒很多问题，久而久之，不会的知识点越来越多，势必会影响学习。

小远本是个学习成绩不错的孩子，升入四年级

后，成绩却严重下滑，学习时也逐渐感到力不从心。他内心十分着急：自己上课明明足够认真，课后也能及时完成作业，为什么还是跟不上老师的讲课进度，很多知识点仍难以理解？

这次期末考试后，小远的成绩又下滑了，爸爸为此找到了老师，希望能找到症结所在。

班主任对小远的爸爸说："小远其实是学习方法出了问题。他没有按照我的要求进行课前预习，只是利用课堂的45分钟学习知识。到了高年级后，课堂知识点越来越多，如果不提前充分地预习，就会跟不上老师的进度，进而影响听课质量。"

自此以后，小远爸爸督促小远在每次上课前先预习，并将之前遗留下来的问题逐一查漏补缺，重新打牢基础。渐渐地，小远的学习成绩提高了，学习也变得越来越轻松。

"凡事预则立，不预则废。"做任何事都不能盲目行动，一定要有所准备，准备工作往往影响着事情的成败。

如果你不重视预习，认为预习是在做无用功，是可有可无的，那么请认真了解预习的好处，相信你会因此改变想法。

预习的好处之一：可以提高听课效率。当我们对课程进行预习后，会对新课内容有一个整体的了解，可以明确新增知识点中，哪些是自己能够理解的，哪些是自己不能理解的。然后带着这些疑问去上课，就可以做到有针对性、有重点地听课，听课效果会大大提升，学习效率也会自然而然地跟着提升。反之，如果课前没有预习，老师讲什么对自己来说都是陌生的，就会跟不上老师的节奏，导致听课效率低下。

预习的好处之二：对记好课堂笔记有帮助。要知道，记课堂笔记也是有技巧的，并不是把老师说过的所有话都记下来，也不是把老师所有的板书都抄写下来，这样的做法叫作速记，不叫记笔记。如果我们不在课前进行预习，就不知道老师讲的哪些是重点，只能听到什么记什么，精力全都用来记笔记了，而忘记了思考，所以一节课下来，总有听不懂的地方。

如果进行了充分的预习，我们就对课本内容有了大致了解，老师讲的内容哪些是书上有的，哪些是书上没有的，一听就知道。那么，在记笔记时，就可以只将重点、难点、自己不懂的知识点和课外延伸的知识点记下。这样，在听老师讲的同时，我们的大脑也在思考。跟着老师的讲课内容思考，听课效率自然也就提升了。

预习的好处之三：能够增强自学能力。大家都知道，自学能力是一生都受用的能力。随着年级的升高，对学生自学能力的要求也越来越高。通过预习发现问题，有了问题自然就会去追寻答案，在追寻答案的过程中，会用自己的方式去解决问题，这个过程就是自学的过程。随着预习习惯的养成，学生的自学能力也会逐渐提高，这种主动学习胜过任何督促教导。

那么，我们该如何落实好课前的预习工作呢？ 这应该是一个循序渐进的、从多个维度提升的过程。学生先要熟悉预习的流程，学会运用，并逐渐加快预习的速度，最后，熟练掌握这项技能。

首先，要选择适当的预习速度。刚开始预习，我们阅读的速度较慢，阅读时还习惯一字一句地读，遇到不会的地方会停下来思考半天。在这种情况下，建议大家将预习放在每天晚上写完作业之后进行，并根据当天的剩余时间来安排。如果时间充裕，就把所有学科都预习一遍；如果时间所剩不多，就按照老师的要求完成预习即可。

当我们逐渐熟悉了预习流程，就可以开始提速了，学会概览而不是详细阅读,也就是快速地将课本内容浏览一遍,抓住学习重点,找出自己不会、不理解的部分即可。

其次,要学会在预习中思考,即通过预习锻炼自学能力。当我们第一遍读完课本时,已经产生了一些疑问,这时不妨带着这些疑问再读一遍,第二遍的速度要比第一遍的慢一些,尤其是到了不会的地方,停一停,想一想,联系上下文,或者翻一翻参考书,争取靠自己找到答案。实在解决不了的难题就标注出来,等待老师上课时的讲解。

最后,要做好预习笔记,不能只注重课堂笔记。预习最重要的任务就是发现问题,所以把这些问题记下来也十分重要。我们可以直接拿铅笔将问题标注在课本空白处,或用画圈、画线、做标记等方式标注在原文中;也可以和课堂笔记记在同一个本子上,前面是预习时遇到的不会的问题,后面是听课后做的解答。

各位一定不能害怕麻烦,要知道只有做好了课前准备工作,之后的学习任务才会轻松。只要坚持一段时间,你就会发现自己的学习成绩在逐渐提升,学习思维也发生了改变。

02

勤于思考善预习：
不同学科有不同的预习方法

预习是一个"提出问题—思考问题—解决问题"的过程，也是锻炼学生自主学习能力的过程。但是随着年级的升高，到了初中开始学习政治、历史、地理、物理、化学、生物之后，要预习的科目会越来越多，内容也会越来越复杂。这时候，如果还只是简单地通读课本内容，靠画圈标记重点，显然无法获得良好的预习效果。

刘小源今年上六年级，他平时学习认真，但是各科成绩一直不突出，没想到这一次期末考试他拿到了数学满分的好成绩。

同桌王萌萌看到他的满分试卷简直惊讶得合不上嘴，连忙凑过来问："小源，你是发现了什么学习秘诀吗？怎么一下子变得这么厉害？"

刘小源笑了笑，说："没有什么秘诀，我只是多下了点工夫。在暑假的时候，我提前把数学课本学了一遍，开学后再跟着老师学。这样比较容易掌握课本知识。"

"你有什么窍门吗？"王萌萌追问道。

"我先是通读课本，把能做的例题和课后练习题都做了，然后将不理解的公式、不会的习题都整理了出来，并请教了数学老师。"刘小源很大方地跟同桌分享了学习心得。

听了刘小源的话，王萌萌心中十分疑惑："只是提前预习这么简单吗？为什么同样是预习，我却没有获得这么好的效果？"

王萌萌之所以认为预习没有作用，是因为她用错了方法。要知道，对于不同的科目，所用的学习方法各有差别。利用假期提前预习和每天的课前预习，侧重点和预习的内容也是不同的。

同学们不如来学一学预习的方法，然后将这些方法应用到不同的科目上。只要学会了这些方法，无论你现在是几年级，都能够得心应手地用起来。

一、读课本预习法

这是最传统、最简单，也是要求最低的一种方法：通过阅读新教材，对课本内容有整体性的把握。

这种方法的优点是快速、简单，一般适合低年级的学生使用。主要是训练孩子在没有老师或家长的引导与监督下，通过自主看书来吸收新知识的能力。

这个方法的缺点是，课本内容比较简单且形式固定，预习形式缺乏变化，容易走过场，实际上什么也没学到。

二、视频课程预习法

随着互联网的发展，网上教育已经形成了产业，随便搜一搜就能找到一大堆教学资源。对于自学能力差的学生而言，自己看不懂、学不透的话，不如通过网课进行辅助学习，这样更容易抓住课程的重点、难点、考点，以提高预习的效果。

但这种方法要求学生有自觉性，如果看视频时不专心，或者趁机玩起了游戏，只能白白浪费时间。

三、做题式预习法

这是对预习的最高要求，用做题检测预习效果。想要预习到位，至少要会做课本例题和课后基础习题。不过，没做出来也不用担心，及时做好标记，等老师上课时再仔细听一遍，效果肯定会更好。

四、讲授式预习法

学习的方式主要分为两种：一是被动式学习，包括听讲、阅读等；二是主动式学习，包括讨论、实践、教授他人。其中，被动式学习能一次吸收5%~30%的知识，而通过主动式学习，知识吸收率能达到85%以上。

讲授式预习就是孩子当老师，向家长讲授自己学到的知识。只要能讲得清楚，符合一定逻辑即可。各位同学可以邀请父母配合，先从自己擅长的科目开始，还可以要求父母在听课时多发问，以此来检验自己是不是真的理解了某个知识点。

那么，对于不同的科目，该怎样应用这些预习方法呢？

对于小学阶段的语文科目，推荐使用读课本预习法和讲授式预习法。假期时，同学们可以先把语文课本从头到尾通读一遍，给每篇课文的生词标注拼音，尽量提前背诵课本中的古诗、古文。

开学后，再跟随课程进度提前诵读课文，进行预习，然后给自己的父母讲一讲课文的主要内容，试着提炼中心思想。

英语科目也是同样的，先利用假期读一读课文，把单词表中的新单词在原文中标注出来，再圈出一些词组和固定搭配，尽量达到能通读全文的水平。 开学后，可以跟随课程进度再次预习，试着翻译全文，归纳重点句式、句型等。

对于数学科目，推荐使用视频课程预习法和做题式预习法。 由于数学是一门连贯性强、逻辑性强的课程，有时前面的定理没有弄懂，后面的公式就不会应用。所以，预习数学科目的关键在于利用视频学习和做题。

同学们可以先自己跟着视频把整本书预习一遍，梳理出主要的公式、定理，并将其串联起来，形成知识层次和架构。等到开学后，再跟随课程进度再次预习，并提前做一做课本的例题和练习题，记住自己依然没有理解的重点、难点，做好预习笔记。

03

克服走神有妙计：
日常训练好，听课没烦恼

每个人在学生时代都有上课走神的经历。我们总以为只要自己老老实实地坐着听课，眼睛盯着黑板，老师就不会知道我们的思绪已经飞到了外太空。

你有没有想过：当老师站在讲台上时，可以把所有学生的一举一动都看得清清楚楚？别说是手在课桌下偷偷搞小动作，哪怕是乖乖坐在那里，老师也能从你的表情中一眼看出你已经走神了。

尤其是小学一二年级的孩子正处于自制力差又好动的年纪，这时候的学生在上课时总是喜欢东张西望。

　　老师总会发现，班上不少同学在上课时喜欢东张西望，一会儿看看窗外的树叶，一会儿偷偷和同桌说悄悄话；有的同学甚至连一块橡皮都能玩上10分钟，摆弄自己的铅笔盒就能耽误半节课；还有不少同学被点名批评后会装作认真听讲的样子，可是维持不到5分钟，思绪就又不知飞去了哪里。

　　其实，上课走神问题也不是毫无解决办法，但这需要家长在日常生活中付出更多的精力。同学们可以将下面这些方法告诉爸爸妈妈，请他们帮助自己，从提升专注力和注意力，以及养成自主互助学习的习惯、控制日常娱乐行为等几个方面进行训练。

　　这些训练都需要循序渐进的过程，我们应该先分析自己走神的原因，然后根据不同的原因进行针对性训练，最后再从日常训练逐渐延伸至课堂。

　　走神原因一：小动作太多。有些学生走神通常是在做与学习无关的事情。无论是在家听网课，还是在学校课堂上，他们总爱抠抠手指头，或者随便拿手边的一个东西就可以玩上半天。

针对这种情况，**首先**，应该通过日常训练纠正不好的**学习习惯**。我们可以和父母约定好，在学习之前，就要把上厕所、喝水、吃东西等事情做完，坐在书桌前，要专注于学习，直到完成某一项学习任务。

其次，学习时应清空桌面上一切与学习无关的物品。学习哪一门课就只准备哪一门课的书本和简单的纸笔，不给自己做小动作的机会。日常购买文具时，不要购买带有夸张图案、挂坠或造型复杂的铅笔、橡皮、尺子、文具盒。这些东西不但会造成分心，还容易引起同学们的攀比心。

最后，学习时要端正坐姿。不要手撑着下巴，或者趴在桌子上，或者头歪在一侧写字，等等。这些姿势会让我们潜意识里放松精神，变得懈怠、懒惰，也更容易导致走神。

走神原因二：思绪乱飞。有些学生在上课听讲时常有的表现是：眼神发直，动作停滞，对老师的讲课内容半天都没有反应，或者头扭向一边，眼睛望向窗外，完全放飞自我。产生这种情况是因为脑子里装了太多与学习无关的事情，听课时因为老师的一句话联想到了别的事情，思绪便像断了线的风筝，拉都拉不回来。

针对这种情况，应该着重培养注意力和专注力。注意力集中是人能够静下心来长久学习的关键，小学阶段是培养专注力和注意力的最佳时期。

首先，应避免破坏专注力的行为——减少日常生活中的高刺激要素。简单来说，就是平时少看短视频，少看搞笑段子，少玩刺激的游戏，等等。它们会通过高亢的声音、夸张的画面、刺激的语言等吸引注意力，让大脑在短时间内兴奋。一旦形成依赖，学生就会越来越喜欢这样的内容，从而无法做到长时间专注于某件事情，以致无法集中注意力学习和阅读。

其次，通过某些方法训练专注力。比如"番茄工作法"：每次学习25分钟，可以休息5分钟，然后再进行下一个25分钟的学习。我们可以请家长帮忙计时并监督，先从坚持25分钟开始，再慢慢延长每一次的学习时间，逐渐锻炼、加强自己的专注力。

走神原因三：对课堂内容不感兴趣。有些学生因为不喜欢某位老师，不喜欢某门课程，或者因为老师讲得太快、太难而跟不上，便不愿意继续听课，然后就沉浸在了自己的世界里。针对这种情况，我们要努力养成自主互助学习的习惯，形成正向反馈机制。

也就是说，在老师讲课时，主动跟随老师的思路，自问自答。根据老师现在讲的内容，猜测老师接下来要说的话或者要讲的知识点，然后注意听老师到底讲了什么话，并跟自己的思路进行对比。或者，在老师抛出问题时，自己先思考，然后与老师给出的答案对照。想要做到这点，最关键的还是要预习。至少要知道老师这节课打算讲什么，才能做到和老师互动起来。

请各位同学相信，只要你运用了这个方法，就会发现它是一种很有效的自我激励的方式。当你猜对了老师接下来说的话，或者回答出了老师提的问题，内心会非常有成就感和满足感，也逐渐会对课堂产生兴趣。

04
紧跟老师的解题思路，少走弯路好舒服

子琪才上小学三年级，学习成绩一直不错，每天回家写作业也都认真及时，但她觉得自己上课总跟不上老师的教学进度。妈妈对此有一些担忧，于是和她进行了深入的沟通。

"子琪，你觉得是因为老师讲课速度快，还是因为知识点太难了？"

"有时候老师讲的知识点和我想的不一样，我就会一直想，等我想明白，老师已经讲到别的内容了。"

听到这里，妈妈大概明白了子琪的烦恼：她的问题不是出在学习态度或者学习能力上，而是学习

方法有误，导致她在课堂上听课效率低。

妈妈对子琪说："子琪，妈妈觉得，如果你可以改变自己上课听讲的习惯，就不会再遇到跟不上老师的教学进度的问题了。"

像子琪这样的情况，也会出现在不少同学身上。他们上课听讲十分认真，思维也很灵活，可一旦遇到不能马上理解的问题，就会钻牛角尖，非要想通才行。但当他们陷入思考时，老师已经讲了新的内容，他们便难以跟上老师的思路，从而造成了恶性循环。

有些同学会通过课后提问、自学等方式查漏补缺，但还有一些同学可能就这样漏掉了知识点。

这种问题很容易解决，只要找对听课方法，尽快改正学习习惯，很快便能提高听课效率。

低年级时，课程内容少、难度小，老师的讲课速度适中，会尽量照顾到每一位学生。**因此，低年级的同学可以尝试从以下两个方面进行调整：**

首先，做好课前预习。同学们完成每天的预习后，可以请家长通过提问的方式检查自己的预习效果，让他们站在老师的角度提出几个问题，自己先想好答案。这样，等到课堂上遇到类似的问题时，就不会因为专注于思考而错过老师的授课内容了。

其次，尽量多举手提问和课后提问。养成提问的习惯，可以使我们受益终身。我们要克服内心的恐惧，不要害怕老师，也不要害怕在课堂上打断老师。其实，老师都很喜欢积极提问的学生，一定要勇敢地张开嘴，把心里的问题抛出来，让老师帮助解答，避免将问题留在心里反复琢磨。

进入高年级，课堂内容增多，老师的讲课速度也会加快。经过几年的学习，同学间的差距逐渐增大，老师在课上无法顾及每一位同学。**所以，高年级的学生需要从思维方式入手，调整听课的方法。**

一、同步听课法，紧紧跟随老师的思路

大多数同学在课堂上难以跟上老师思路的科目是数学、物理等理科科目。同学们应该首先明确自己跟不上老师思路的原因。

如果令思维"卡顿"的是老师讲的某一句话或某一个具体的问题，同学们应该在老师讲解停顿的间隙，或在老师问"刚才的知识点还有谁没听懂"时，及时举手提问，请老师讲得再透彻些，或者重新讲解一遍。

如果令思维"卡顿"的是定理、定律或公式，而老师正要用它去解题，这时候我们应该耐心地听老师讲下去，在课堂笔记中着重记录下老师的解题思路。假如老师讲解完毕，我们仍然无法理解，那就尽快标注或者做好笔记，课后再研究，千万不要沉浸在自己的思考中无法自拔。

二、超前思考法，抓住关键词句，提前思考

老师每节课要讲授的内容很多，并不是每句话都是重点，要善于抓住关键词句。主要包括三类：

（1）提示性语句。比如，当老师说出"注意这里""抬头看黑板"等语句，我们要在心中提醒自己，接下来的内容要重点关注。

（2）疑问性语句。比如，当老师说出"这里我要提出一个问题"时，同学们可以先自己快速假设一个问题，与老师接下来提出的问题做对比。如果是同样的问题，证明你抓住了老师的讲课重点。在老师抛出某个问题后，不要被动地等待答案，可以自己先在心里回答一下，然后与老师的答案做对比。

（3）老师的重点推导过程。当老师开始讲题时，我们应该快速地把题目读一遍，然后赶紧思考解题思路。如果发现没有思路，那就认真地听老师的讲解并记好笔记；如果自己已有思路，可以先在一旁简单记下，然后暂时抛开自己的思路，认真听老师的讲解并记录。而后利用课余时间将自己的思路与老师的思路做比较，慢慢形成自己的解题思路和方法。

记住，我们要相信老师的专业水平，在课堂上紧跟老师的思路。只有在听课时与老师的思路合拍，才能保证最佳听课效率。

05

"好记性不如烂笔头",必须学会记课堂笔记

乔乔是一个聪明的小孩,小时候邻居爷爷就夸他:"小乔这孩子脑瓜子好使,长大了学习一定行。"长大后,乔乔果然不负众望。他最突出的优点就是记忆力好,老师课上讲的内容,他立刻就能记住,只要回家做做题,考前复习一遍,就能取得不错的成绩。

但是乔乔升入初中以后,学习成绩却直线下滑。学习的时候,知识点总是记不清,老师课堂上讲的内容也记不住。

乔乔自己也很着急,跑去问正在上大学的表

姐，希望表姐能传授点学习秘诀给自己。

看着乔乔长大的表姐自然知道其中的原因，她说乔乔这是被自己的聪明给耽误了。

原来，乔乔因为对自己的记忆力过于自信，从小到大一直没有记笔记的习惯，他以为小学时的学习方法到了初中也能用。但上了初中以后，要同时学习那么多科目，如果还只依靠自己的好记性，再聪明的脑瓜也记不全那么多的知识点。

"好记性不如烂笔头"是所有人都知道的一句俗语，可依然有很多学生对自己的记忆力过度自信，认为课堂上不需要做笔记，也不愿意做笔记。

不做笔记的习惯，在低年级阶段可能不会产生大的影响，但是随着年级升高，尤其是升入初中以后，要学习的科目增多，难度也会加大，那时同学们就会发现，记笔记是一个十分重要的学习习惯。

如果不在小学阶段打好基础，养成良好的记笔记的习惯，将会影响往后数年的学习效率。

好的课堂笔记，应该可以让任何一个翻看它的人都理解其中的重点和层次。而质量欠佳的笔记则是在做无用功。要么是为了应付老师和家长，随便写几笔交差，分不清主次；要么就是记下了老师说的每句话，毫无重点。

到底应该如何记笔记呢？这里推荐大家使用"三分法"，做到内容分科目、分层次、分重点。

首先，分科目。小学阶段对做笔记比较重视的科目有语文、数学、英语三门，但每一门课程的内容差异十分明显。即使是同一学科，在不同的学习阶段，学习的重点也完全不同。因此，每个学期最好为每门课程单独准备一个笔记本。如果使用同一个笔记本，每门课程的笔记也要分开，并通过加书签、贴便签等方式区分。低年级的学生可以利用书页的空白处记录笔记。

其次，分层次。这里的层次包含两个方面：一个是记录的内容要分层次，一个是书写时的格式要分层次。

记录的内容分层次是指，笔记要分清楚段落。多数老师开始讲课时，喜欢先对本节课的内容进行介绍，通过简短的几句话概括出重点；然后在课堂中会有板书，一般会使用一些精练的词语、句子概括一个知识点；最后会有总结，有时还会归纳考点。

那么，同学们的笔记也至少要分三个段落，要能分得清哪里是概括的重点，哪里是内容的架构，哪里是总结提炼的内容。此外，还可以加一个段落，记下老师提出的问题和自己的思考。

书写格式的层次要做到两点：第一点是两个部分的内容之间要留有空白。比如，记完一个问题后，要留一段空白，之后再记下一个问题，然后写清楚这个问题在课本中相对应的位置，以方便日后复习或添加、补充内容。第二点是所有的概念、原理、公式、论点等内容，要单独占一行，关键词与非关键词用不同颜色的笔区分书写。

最后，分重点。记笔记不是写作文，更不是把老师讲的所有内容完完整整地抄下来。一节课的时间，学生要一边听课，一边思考，一边记笔记，根本没有时间将老师说过的每一句话都写下来，因此要学会抓住老师话里的重点、难点，记笔记时只记这部分内容即可。

那怎么找到课堂上的重点、难点呢？重点就是老师反复强调的内容。很多老师上课喜欢说"这里很重要""这里考试一定会考""这个内容我强调很多遍了"等话，听到老师说这些，就该意识到要做笔记了。难点则是自己觉得听一遍没有听懂、老师讲课时也有别的学生提出疑问的地方。比如老师讲题时，会先讲例题，再将例题举一反三，或者随堂出一道类似的拔高题。那么我们要记的，不仅是书上、卷子上有的题,还有老师在例题之后讲的相似题或拔高题。

记笔记是课堂听课的重要组成部分,只有先学会记笔记,才有能力在此基础上提高学习效率和提升学习成绩。更重要的是坚持,不能买几个本子随便记几次就丢到一旁,要做到系统性地记笔记。

06

多举手，多互动，激发孩子的学习兴趣

兰兰今年读小学四年级。

班上的同学很活跃，课堂上的氛围很好，同学们互动的积极性很高。班上有几个同学性格活泼开朗，课上有什么问题都会大胆举手提问，回答问题时也很勇敢，即使答错了惹得同学们哄堂大笑也不会难为情，还会跟着大家一起笑。在他们的带动下，兰兰和其他同学也渐渐放开了，整个班级的气氛越来越好，进入了一种良性循环。

当老师在课堂上问"大家听懂了吗"时，如果没有学生提出疑问，老师会默认大家能够听懂目前的内容。但事

实上，有些学生根本没有完全理解老师的授课内容，但他们又不敢当众说出自己的问题，怕被老师责怪、被同学笑话。这样不仅难以跟上老师的思路，也难以判断对知识的掌握程度。问题都憋在心里，只会越攒越多，时间长了，必然会影响学习效果和考试成绩。

如果学生提问多、互动多，那么老师就能更全面地了解学生掌握知识点的情况，就会相应地调整讲课内容，适当进行课外拓展。长此以往，同学们自然能学到更多的知识。

所以，各位同学一定要大胆提问，积极主动地参与课堂互动。不论是提出疑问，还是回答问题，都要养成与老师互动的习惯。学生回答问题后得到表扬，可以提高学习积极性；学生提出疑问后，老师及时解答，可以保证学习的效果。学生对课程有兴趣，就会激发学习的兴趣，进而提升成绩，自然而然就爱上了学习。

很多老师在教学中发现，问题越多的学生，思维越活跃，创造性也越高，很多人在日后有了不错的成就。所以，各位同学要养成勤学好问的好习惯。

我们可以邀请父母共同阅读下面的方法，让父母帮助我们培养课堂上提问、互动的好习惯。

一、保护求知欲，培养孩子提问的积极性

一项调查研究表明，孩子从4岁起会进入产生疑问的高发期，每天会有很多的疑问，从"是什么"到"为什么"，到"如果……会怎样"，孩子那些五花八门的问题会让父母难以招架。

面对这样的情况，有些父母会随便给出一个答案糊弄了事，有些父母会让孩子闭上嘴巴，还有些父母甚至会责备孩子问题太多。这样的行为对孩子的求知欲会产生致命性的打击，很可能让孩子因此产生"有疑问是错误"的想法。等到孩子进入学校，肯定也会害怕向老师提出疑问，更不敢回答老师的问题。

为了保护孩子的求知欲，让喜欢问问题的天性得以保留，请父母一定要对孩子多点耐心。在孩子提出问题时，可以先不急着回答，让孩子自己尝试回答提出的问题，答对了给予鼓励，答错了给出正确答案。

二、父母先解答，再检查

很多父母在检查孩子的作业时，喜欢直接提问或检查答案，如果看到错题，或者遇到孩子答不出来的情况，就会不自觉地开始烦躁。

其实他们不知道，有时孩子也知道自己答得不对，这

是因为孩子对问题不理解，或是知识点没有完全掌握，所以没有办法答对。

这个时候，孩子需要的不是父母的批评和责备，而是需要他们给予帮助。可父母往往没有给孩子问出口的机会，时间长了，孩子自然不愿意再提问。

所以，孩子可以和父母沟通、商量，自己提前整理一天的学习中遇到的困难和疑问，让父母耐心地听完自己的提问。父母给出解答后，再检查其他的功课。孩子和父母都应该明白，学不好没有错，学不好还不去问、不去想才是不对的。

三、孩子先思考，再询问

有些同学说，自己之所以不敢提问，是怕问出来的问题太简单，没有意义。其实在问任何问题之前可以先思考，再提问，便能轻松解决这个问题。在课堂上，如果产生了疑问，自己可以先在书上找找答案，或者再听老师讲一讲。有时候只是因为没反应过来，或者老师的讲解不够详细而产生了疑问，如果不思考就提问，可能会问出太简单的问题或是没有意义的问题。如果自己看过了书，也思考过了，还不能得到答案，那么就可以放心大胆地提问。

事实上，不论问题简单与否，老师都不会批评一个喜欢问问题的学生。

四、循序渐进，培养自信

我们都知道，人的性格有一部分是天生的。有些学生确实胆子比较小，不敢在课堂上举手发言。这样的学生可以给自己建立一个奖励机制，以培养自信。

可以先定一个小目标，比如争取每周能在课堂上举手发言一次，再慢慢调整为每周在每一门课上与老师互动一次，然后争取每天在课堂上举手发言一次，最后做到随时可以大胆地举手发言。每完成一个目标，可以给自己一个小奖励，比如买一支笔或是喜欢的零食。

chapter 3

第三章

休息不是偷懒，劳逸结合效率更高

01
走出教室，才算课间休息

不知各位同学有没有思考过：为什么一节课的时长是45分钟，而且每节课后要休息10分钟呢？

因为科学研究表明，大部分人能够全神贯注地做一件事的时间为20~25分钟，超过这个时间，就很难再集中精力了。所以，一节课45分钟是最合适的时长，老师能够完成教学任务，学生也不会因为上课太疲劳而注意力分散。一般来说，老师会用10~15分钟把重点讲完，然后讲一些比较轻松的内容，让学生紧绷的大脑休息一下，再接着讲后续的知识。

一节课45分钟可以保证我们的大脑处于兴奋状态，45分钟后大脑基本会进入疲劳状态，这时候就需要课间休息时间来放松我们的大脑皮层，使下节课还能有精力认真听讲。

下课铃打响，语文老师刚刚走出教室，小牧便站起来拉着同桌文文往教室外面走。

"等一等，小牧，你这么着急拉着我去哪儿呀？"

"文文，咱俩出去走一走，去趟卫生间。"

"可是我现在不想去卫生间，你自己去吧。"

"不想去卫生间也可以陪着我，你就当趁机活动身体了。"

"可是我想留在教室里看书。"

"文文，你的眼睛近视度数已经达到300度了，再不注意用眼习惯，度数还得增加。"

"好吧，我觉得你说得有道理。我们一起去教室外面活动活动。"

"对呀，课间就是用来休息的。只有好好休息，才能更好地学习！"

如今，小学生的学习压力越来越大，出现颈椎痛、腰痛的学生越来越多，而且最新调查数据显示，全国小学生近视率高达约36%。其中很大一部分原因就是学生长时间学习，不愿意活动，缺乏锻炼。

很多同学习惯课间待在教室里，有的趴着睡觉，有的偷偷看课外书，还有的与同学谈天说地，怎么都不愿意走出教室活动。更有些同学不重视眼保健操，不愿意做课间操，找各种借口"逃操"。

但是，你知道吗？对于学生而言，眼保健操与课间操是非常重要的，课间10分钟的休息与活动是非常宝贵的。

课间待在教室里继续学习，一直想着上一节课的内容，不利于思维的转换，会影响下一节课的听课效率。走出教室，适当地活动，给大脑一点休息的时间，可以有效提升下一节课的学习效率。

课间10分钟看似短暂，实则可以做很多事情，请同学们根据自己的情况，合理安排好课间的各项活动。

一是及时喝水、上厕所。这看似是两件最普通的小事，却可以直接影响学习效率。英国的科学家经过研究发现，如果人体饮水量不够，会导致大脑体积减小，从而增加大脑进行思考的难度，还会影响大脑的工作方式。人在缺水的情况下，大脑处理信息的速度会比在正常情况下慢得多。

如果我们没有及时给身体补充水分，听课时思考的速度会降低，理解能力也会下降，就容易跟不上老师的节奏。所以，要利用课间多喝水，不要感到口渴时才喝，因为那时你的身体已经处于缺水状态了。

及时上厕所也是很重要的一点。有的同学因为懒得走动而习惯性憋尿，这是一定要改掉的坏习惯。憋尿不仅会影响我们的身体健康，甚至还会造成肾脏的损伤。而且在上课时，"想上厕所"的念头会分散我们的注意力，甚至让我们产生焦躁的情绪。

二是进行一些简单的活动。同学们可以利用课间，在走廊上做一些简单的运动，有利于放松肌肉，缓解身体的僵硬或疼痛。

比如，缓解颈部疲劳的运动可分两步完成。第一步，双腿站直，两脚分开，与肩同宽，然后双眼平视前方，慢慢低头，使下巴尽量贴向胸部，保持姿势2~3分钟，再慢慢将头恢复到原来位置。第二步，慢慢仰头，看向天空，保持姿势2~3分钟，再慢慢将头恢复到原来的位置。通过这样的运动，可以有效地恢复颈部肌肉力量，缓解颈椎疼痛并且有利于预防颈椎病的发生。

缓解全身疲劳的运动比较多，最好的运动就是课间的广播体操。将每一节的动作尽力做到位，这样一套操做下来，你会发现身体轻松了，精神振奋了，大脑也得到了充分的休息。其他时间，同学们还可以扶着走廊的墙壁，做侧踢腿、后踢腿运动，或者原地站立，扭动腰部，来缓解腰部的疼痛。

三是让眼睛休息，缓解视疲劳。保护眼睛，最重要的依然是认真做眼保健操，还可以在课间走到室外远眺绿色的植物，让眼部肌肉得到休息。此外，远近交替注视法也是一个缓解视疲劳的好方法，也就是看远方3分钟，再看手掌1分钟，再看远方3分钟，再看手掌1分钟，这样远近交替几次，可以有效缓解视疲劳。

最后，还要提醒各位同学，课间的休息活动要适度，和同学们在走廊里跑动、踢球、打篮球都是不可取的行为。过度的运动会消耗精力，并且会让身体处于高度兴奋的状态，等再回到教室听课，身体无法立刻平静下来，大脑也处于亢奋的状态。等身体完全平静，可能需要十几分钟，反而影响听课质量。

02

午睡，午睡，一定要午睡

5月，随着夏季的到来，很多学校开始实行夏令时，为了躲避午间炎热的太阳，学校会推迟下午上课的时间，中午休息的时间也相应增加。在这样的情况下，有些同学打起了午睡的"歪主意"。

唐小小的家在距离学校不远处的一个大型小区里。小区楼下有很多健身器材和一个漂亮的足球场，每个周末他都会在楼下玩耍，也经常邀请同学去足球场运动。最近，学校将作息时间调整为夏令时，午休的时间比原来多了半小时，唐小小特别开心，因为中午多出来的时间可以用来玩耍了。

这天中午，他邀请同学小雷和翔宇，在楼下足球场进行了一场开心的球赛。可是等到下午上课，三个人就开心不起来了。

下午第一节课是英语课，老师正带着大家学习课文，三个人却陷入了与困意的"斗争"，老师讲的话一个字都没有听进去。上课没多久，小雷就再也支撑不住，趴在桌子上睡着了。不一会儿，唐小小也开始睡眼蒙眬起来，角落里坐着的翔宇更是从上课开始便补起了午觉。

英语老师看到他们的样子十分生气，点名将三个人叫醒，问道："你们三个中午干什么去了？怎么这么困啊？"

"我……我们……"三个人支支吾吾，不敢回答。

"你们肯定没有午睡。"英语老师严厉地说，"夏季天气炎热，本来就容易犯困，你们不趁着午睡补充精力，这一下午的课全都给耽误了。"

听到老师这么说，三个人羞愧地低下头，向老师保证："老师，我们错了，我们以后再也不会中午出去玩了。"

小学阶段的学生玩心重，缺乏自律性，难以合理安排自己的生活和学习计划。尤其是午睡时间，总感觉自己不困、不累而抗拒睡午觉，找各种机会偷偷看动画片、看课外书，或者在室外活动。结果到了下午上课时，才发现自己又困又累，只顾着对抗睡意，根本没有心思听课。

睡午觉对于还处于生长发育阶段的小学生而言，是十分必要的。因为在这个年龄段，我们的大脑神经还没有完全发育成熟，只有保证充足的睡眠，我们的大脑才能更好地完成发育，同时避免大脑过分疲劳。而午睡就是对正常睡眠的补充。

《关于进一步加强中小学生睡眠管理工作的通知》中提到，小学生每天的睡眠时间应达到10小时。而现在的学生晚间入睡时间越来越晚，有些同学才上三、四年级，每天晚上11点才上床睡觉。如此作息，肯定无法保证足够的睡眠时间，所以，午间的睡眠也就更加重要了。

同学们要合理安排中午的作息时间，无论是留在学校还是回家，都一定要养成午睡的好习惯。

中午留在学校的同学一般吃饭时间较短，吃完饭后还有很长一段自由活动的时间。建议大家饭后不要立即坐下，而是到室外进行一些简单的活动。例如，围着操场或教学楼散步,或者打扫卫生,或者与同学站在走廊里聊天,等等。但是切忌进行踢球、跑步等剧烈的运动,这些运动容易引发胃痉挛、胃下垂等疾病。并且,饭后半小时之内也不要看书、学习,因为这时身体内的大部分血液都流向胃部,进行消化吸收,这时候看书不但效率低下,还容易影响胃部消化功能。

最佳的午睡时间在25~35分钟,时间太短无法缓解疲劳,时间太长容易头脑昏沉、周身乏力。同学们可以根据这个时长,合理安排午睡的时间。

假如下午2点上课,那么要给自己预留至少20分钟,用来清醒并做一些上课前的准备工作。所以,你应该在1点40分醒来。午睡时间按半小时计算,可以在1点10分左右入睡。在吃完饭半小时以后到入睡之前的这段时间里,同学们可以选择在教室里看书、学习,进行一些安静的活动,有利于我们平复情绪,以便尽快进入睡前状态。

此外,中午留校的同学可能没有条件躺着睡觉,如果只能趴在课桌上午睡,要注意睡姿,毕竟趴着睡觉对颈椎、腰部和眼部都有一定的影响。建议同学们让父母给自己准备一个午睡枕,这样睡觉时不会压到眼、口、鼻,既对头部有支撑作用,可以保证呼吸通畅,又可以保护颈椎，缓解颈部压力。

中午回家的同学会花费一些时间在路上，到家后更应该抓紧时间吃饭、午睡。有些同学上午放学后，习惯将书包留在学校，这样在家吃完饭后便可以看电视、玩游戏。与留校的同学相比，这样会浪费很多宝贵的学习时间。其实，午饭半小时后到午睡前这段时间，很适合进行阅读。同学们在午睡前不妨拿一本作文书或是课外阅读材料，读一读、看一看，既能积累知识，又能帮助入睡。

有些同学中午很难入睡，可以学习"4—7—8呼吸法"，帮助快速入睡。这个方法能有效地调节呼吸，平复兴奋情绪，帮助我们更快地进入梦乡。具体操作方法是：（1）闭上嘴巴，用鼻子吸气，在心中数4个数；（2）停止吸气，屏住呼吸，在心中数7个数；（3）用嘴缓缓吐气，在心中数8个数。

同学们可以每天入睡前练习2次，连续练习6~8周，便可以熟练掌握这个方法，最终能做到60秒快速进入睡眠状态。

还有些同学午睡后容易出现"睡不醒"的情况，这里也有几个小方法帮助你快速清醒。首先，你可以在醒来后用双手搓脸，轻轻地按摩脸颊和眼部，再转一转眼球；然后，使用凉水轻轻拍打脸部；最后，再喝一杯温开水，帮助身体苏醒。最关键的是保持合理的午睡时长，不要睡太久。起床后给自己预留清醒时间，会让你感到更加舒服，下午学习时也会更有精神。

03

放学路上，抓住与父母沟通的好机会

厌学情绪是很多人在学生时期都会产生的心理问题，它的诱因有很多，比如成绩不理想，不喜欢某位任课老师，或是与同学存在矛盾，等等。性格开朗的同学，在遇到这些问题时，能够及时与父母或老师沟通，寻求外力的帮助；而不愿意表达的同学，往往会将问题压在心底，久而久之便产生了厌学情绪。还有些同学不愿意上学，是因为他们认为学习是一件无聊的事情，生活中只有学习，没有其他乐趣。

学习是一件快乐的事情。有人在谈到学习的时候，说道：

> 学习是一件很简单的事，而且非常有趣。也许

你不会同意。每天一背起书包你就垂头丧气，仿佛一场灾难即将降临。你害怕学习，说得更确切些，你不会学习，是吧？

不用羡慕那些成绩优秀的学生，你是否想过：你也可以在学习上出类拔萃。你行的，而且你一定行的。

其实我很早就总结了一个关于成功的公式：W=X+Y+Z（成功＝刻苦学习＋正确的方法＋少说废话）。

少说废话相信你一定做得到，或许你也很刻苦，但是你能保证你现在的学习方法是正确的吗？

学习方法事实上影响着你的成绩，方法就是你征服未知的工具。伐木工人一上午用斧头只能砍倒一棵大树，但用电锯10分钟就能砍倒一棵大树。没有好的方法，你即使每天刻苦学习，也不会取得好成绩。

每天在学校里发生的事情，其实都可以讲给父母听。无论快乐与否，我们都应该学会主动与父母沟通，主动将自己内心的各种想法、各种情绪表达出来。遇到开心的事、有趣的事，讲给父母听，让他们与自己一起快乐地大笑；遇到难过的事、纠结的事，讲给父母听，请他们为自己排忧解难、出谋划策。

如果你找不到一个与父母沟通的好时机，可以利用放学路上的这段时间。此时，我们的大脑正处于疲惫状态，不再适合进行高强度的思考与学习，所以不妨利用这段时间给爸爸妈妈讲一讲自己在学校里发生的趣事，哪怕是聊一聊游戏，或者讲一讲自己与同学之间发生的小事，也是一种放松的方式。

但是，有些家长并不知道如何与孩子进行有效的沟通，有些同学也不知如何表达才能让父母更好地理解自己。下面几个关于沟通的小技巧，同学们可以邀请父母一起来讨论、学习，找出双方在平时沟通过程中存在的问题，从此以后，互相监督提醒，共同改正错误。

沟通技巧一：换位思考

有时候，你在向父母表达自己的观点时，他们并不能理解，甚至你的一些想法、决定会遭到他们的强烈反对，结果往往是双方大吵一架，不欢而散。

父母与孩子生在不同年代，处在不同的年龄段，社会地位、人生阅历的不同造成了大家看问题的角度也是不同的。面对同一件事，两代人看问题的角度与反应、内心感受不可能完全相同。父母往往从理性的角度看问题，而孩子则会用单纯的、有趣的思维去理解世界。

在多数情况下，人们总习惯从自己的角度出发去思考问题，即使面对最亲的人，也很难完全站在对方的角度思考问题。但不管多难，我们都要学会换位思考。孩子要理解父母的良苦用心，父母要理解孩子心中所想。

沟通技巧二：主动倾听

如果你的父母在你讲话时总是没有耐心，粗暴地打断你的话语，或者对你说的内容心不在焉，那么你应该告诉父母："请学会主动倾听。"

主动倾听的姿态，是沟通成功的一半。父母可以换位思考一下，如果他们在兴致勃勃地讲话时被人打断，或者发现对方并不感兴趣，那么他们是不是立刻就会失去倾诉的欲望？

为了保持孩子沟通的积极性，了解孩子内心的感受和情绪，父母要调整好自己的心态，具备主动倾听的意识。当父母倾听孩子说话时，孩子可以感受到自己的话语、想法和情感正被父母理解，就会产生一种被尊重的满足感，从而会更愿意把自己内心的想法说给父母听。

沟通技巧三：学会提问

如果你的父母总是说"你为什么没考好""你为什么不能安静地学习""你为什么不听老师的话"等类似的话，那么你应该告诉父母："请用建设式提问，别用破坏式提问。"

破坏式提问就是指发问时，使用"为什么+负面信息"的句子结构。这样问不仅对解决问题毫无帮助，还会对孩子的自信心和自尊心造成严重打击。父母质问孩子"为什么"时，其实就是抓住已经发生的事情不放，而话语背后隐藏着对孩子的责备："这件事你做错了，做得很差劲。"

这会让孩子觉得自己是一个失败的、毫无用处的人，进而丧失继续沟通的欲望。由于很难对父母的责问做出回应，所以也不能从谈话中得到任何帮助。

沟通技巧四：不要隐瞒

有些同学在学校犯了错误后，不敢和父母说；有的同学考试成绩不理想，不敢告诉父母。久而久之，这些压力在心中越攒越多，导致每天上学时，心里都像压着千斤重的石头，自然对学习提不起兴趣。

要知道，人都会犯错，没有人能够面面俱到，把所有事情都完成得很好。做错了事情要及时与父母沟通，请他们帮忙分析出错的原因，总结经验，这样才能避免再次出错。

考试只是检查我们某一阶段的学习效果的手段，我们的最终目的是学习知识。太过在意成绩，反而会忘了学习的初衷。

04
自律的人都有良好的作息习惯

  生活中经常能看到一种人,明明学习十分忙碌,但在课余时间还会参加各种活动,每天都安排得满满当当的,却能有条不紊地完成所有事情。再看看自己,每天只是按时完成作业就已经很难了,还要上各种兴趣班,好不容易放假,只想躺在床上睡懒觉。我们很多时候会不禁发出感叹:为什么?为什么学霸如此轻松?

  原因很简单,因为他们足够自律。越自律,越轻松;越自律,越自由。所谓自由,不是随心所欲,想玩就玩,想睡就睡,无限放纵,而是能够将生活掌握在自己手中,做自我的主宰。

诗雯上六年级了。她性格活泼开朗，学习成绩优秀，在学校是能力突出的大队长，在家里是让父母省心的好孩子。

现在，她已经学会了安排好自己的生活，每天从起床、上学、回家学习到入睡，每一件事都计划得井井有条。

中秋节假期，小姨带着表妹圆圆来家中做客。吃过晚饭后，诗雯陪着圆圆玩起了积木。两个小姐妹有说有笑，时间很快过去，转眼已接近8点。

诗雯看了看墙上的时钟，说："妹妹，我不能再陪你玩积木了，8点我要背英语单词。"

"可是我们的'城堡'还没有搭好，咱们再多玩半小时可以吗？"

"我的计划是放假前就制订好的，不可以随便更改呀。"

"姐姐，你推迟半小时再去背单词也没关系吧。"

"如果8点的计划推迟半小时，后续的其他安排也得相应推迟，那么我今天就无法按时睡觉了。"

在一旁的小姨听到姐妹俩的对话，赞许地说："诗雯的自制力多强啊！能做到每天按时早睡早起的孩子可不多，圆圆你要多向姐姐学习，做什么事情都要学会节制。"

聪明的学生都知道，作息规律是学习的保障，作息规律不仅仅是规律地休息，还包括规律地用餐、规律地饮食、规律地运动。

休息不规律，会让生物钟变得混乱，白天没精神，晚上睡不着，长此以往，不但会影响学习效率，还会对记忆力造成损害。不按时吃饭，会扰乱消化系统；经常暴饮暴食，会加重消化系统的负担，引发肠胃炎，甚至会对肠胃造成不可逆的损害。不能坚持运动，每天只躺在家里看电视，会诱发身体肥胖，造成免疫力低下。没有一个好的身体，谈何努力学习？自律能使我们与众不同，自律的生活作息使我们精力充沛。

而这些不规律的活动，其实都是因为放纵了自己的欲望。因为贪玩所以熬夜，因为贪吃所以暴饮暴食，因为懒惰所以缺乏运动。但不管出于何种原因，一时的放纵会让我们陷入糟糕的生活状态，进而对未来的生活造成影响。

正如著名的哲学家康德所说，假如我们像动物一样，听从欲望、逃避痛苦，那么我们并没有拥有真正的自由，因为我们成了欲望和冲动的奴隶。我们不是在选择,而是在服从。不要把玩乐当作潇洒,不要把颓废当作自由,这些全都是懒惰、怕吃苦的借口。真正的自由源于长期坚持自律的生活。控制欲望,远离坏习惯,找到学习的目标和前进的方向,坚持下去,你会发现自己的改变。

  作为学生,我们应该怎样养成良好的作息习惯和生活习惯呢?不如参考下面两种作息时间表,即上学日常作息时间表及假期作息时间表,然后根据自身情况,制订适合自己的作息时间表。

上学日常作息时间表

6:30	起床,穿衣
6:40	洗漱
6:50	吃早餐
7:00	出门上学
7:30—15:30	在校上课
15:30—17:00	在校自习
17:30—18:30	吃晚餐,休息
18:30—19:30	运动及兴趣、特长训练
19:30—21:00	课后复习、习题训练、课外知识拓展等
21:00—21:30	洗漱,睡前阅读
21:30	睡觉

假期作息时间表

时间	活动
7:30—7:45	起床，穿衣，洗漱
7:45—8:15	背诵古诗文、英语单词等
8:15—8:30	吃早餐
8:30—11:30	做假期作业
11:30—12:00	自由活动，可以选择户外活动（禁止看电视、玩游戏）
12:00—12:30	吃午餐
12:30—13:00	午休
13:00—14:00	课外阅读
14:00—17:00	做假期作业、预习、课外知识拓展等
17:00—18:00	自由活动，可以看电视（但不应超过1小时）
18:00—18:30	吃晚餐
18:30—20:30	兴趣、特长训练或与父母外出活动
20:30—21:00	洗漱
21:00—21:30	睡前阅读
21:30	睡觉

在上学期间，早晨时间可能会非常紧张，同学们可以适当调整每一项活动的用时，但是总体时间不要超过30分钟。这样做一是为了留出充裕的出行时间，避免卡点进校门的慌张，二是锻炼自己干脆利索的行事作风。

在校自习的时间非常宝贵，同学们要尽量在这段时间内完成当日的作业，遇到不会的问题及时向老师提问，利用在校时间解决问题，争取不把问题带回家。

如果将放学回家后的时间合理利用起来，能做的事情有很多。同学们可以根据自己家的吃饭时间调整计划，只要保证每天按时上床睡觉，有9~10小时的充足的睡眠时间即可。

假期在家，早晨起床时间可以比上学时晚一些，但是要保证晨读的时间，并且与在校早自习的时间基本一致，让大脑延续早起背诵的习惯，尤其是起床后至吃饭前，是进行背诵类学习的黄金时间。

放假期间除了完成作业，还要及时预习下学期的课程，同时课外阅读和体育锻炼也不可落下。同学们可以选择中午或者晚上去户外进行适当的活动，如散步、打球、跳绳等。

特别要注意的是，在家学习要像在学校时一样，严格要求自己，禁止睡懒觉、看电视、吃零食等任何影响学习的活动。

按照这两种作息时间表，同学们不论是平时上学，还是假期在家，都能够合理安排自己的生活。但是，计划得再好，不去执行也只是一纸空谈。所以，同学们一定要做到自律，自觉遵守作息时间表，养成良好的生活习惯。

chapter 4

第四章

家长生气,学生着急,
写作业为何这么难?

01
不需要家长督促，自己也可以写作业

小冉今年上三年级，每天晚上的作业时间，简直要闹得全家不消停。

"妈妈，'expensive'是什么意思啊？"

"爸爸，快来帮我看看，这公式是不是写错了？"

"外公，'张扬'的反义词是什么呀？"

…………

为了能让小冉老老实实地写作业，妈妈只好坐在一旁督促他。但是她越看越上火，因为小冉一会儿想喝水，一会儿要上厕所，回来还得找一找文具才能继续做题。

等小冉好不容易安静下来，开始写作业，又出现各种各样的错误。此时，一旁的妈妈总是忍不住要纠正他。如果哪里写错了或是字迹不够端正，她会迅速拿起橡皮擦掉这些内容，要求小冉立即改正；如果数学公式写错了，她也会马上指出来，要求小冉重新写公式，而且必须算对了才能继续做后面的题目。

母子二人在写作业这件事上完全不能达成一致。妈妈不在的时候，孩子各种求助；妈妈在旁边，看不惯孩子的很多行为，忍不住去指正。本来一个小时的作业量，往往要多花一倍时间才能完成。

相信不少同学遇到过与小冉相同的困扰，即不确定应不应该让父母陪着自己写作业。父母不在身边，遇到不会的问题无法向他们求助；父母陪在身边，又有一种被"监视"的感觉，一旦写作业时走神或是出错，就会遭到家长的批评。

其实，在低年级阶段，由于自觉学习和独立学习的习惯还没有养成，我们可以让父母在一旁适当地辅导，但也要讲究方法。等我们逐渐适应了小学阶段的学习模式，应及时让父母离开，尽快做到独立自主地完成作业。

各位同学可以邀请父母一起学习下面的"三步走"方法，争取找到双方都能接受的辅导方式。

第一步，营造氛围，把监督变成陪伴。

如果父母总是想在一旁监督我们写作业，我们可以告诉他们，这不是"陪伴"是"监工"。这样做不但会分散我们的注意力，还会引起我们的焦虑、烦躁等情绪。

更好的做法是，在我们学习的时候，邀请父母到房间里来，他们可以做一些自己的事情，比如阅读或处理工作，这样可以给我们营造一种安静的学习氛围。这样，父母既有存在感，又不会过分打扰我们，同时也能起到榜样的作用。每当我们学不下去的时候，看到父母专心投入的样子，我们也会不自觉地被感染，从而更加有学习的动力。

但是记得提醒父母，千万不要在一旁玩手机，这简直是一种"致命"的诱惑，有时候还会让我们产生不平衡的心理——"为什么我在刻苦学习，你却坐在我旁边玩手机，还要管着我？"

等我们渐渐适应了长时间学习的模式，专注力和忍耐力也逐渐提升后，便不再需要家长的陪伴。如果缺乏自觉性，那么我们可以和父母约定一个时间，请他们隔一段时间提醒我们一下，同时检查我们的学习进度。

比如，完成一篇作文需要45分钟，我们可以让父母在35分钟后进屋检查。这样既是对我们的一种提醒，也可以让他们随时掌握我们学习的情况。

第二步，放平心态，允许出错。

爱玩是孩子的天性，很少有孩子能像大人一样，连续坐几小时，更何况很多大人都无法做到这一点。尤其是低年级的学生，缺乏专注力，不愿意长时间坐着学习。

习惯是需要慢慢养成的。我们可以跟父母协商：一方面，自己有意识地减少与学习无关的小动作；另一方面，让父母给我们一些自由的空间，可以有些小动作，只要不太过分，请他们适当容忍。毕竟是放学回到了家里，不需要像在学校里那样严格。

第三步，遇到问题，不着急寻求答案。

有些同学把父母当成"有求必应箱"，遇到任何问题都想求助于父母。比如，遇到不会写的汉字或不认识的单词，懒得翻工具书，或者遇到做不出来的数学题，懒得多读题、多思考几遍，总是想让父母直接告诉答案。

父母看似随口给出解答，却给了我们偷懒的机会。如果同学们还不尽快改掉这样的毛病，只会慢慢失去自主学习的能力，变得不会思考。

所以，我们在写作业时，能自己翻字典、翻课本解决的问题，就不要问别人；遇到不会的数学题，再多读几遍题目，多花点时间算一算，实在不会的，标注出来，等所有作业完成后再问父母；也可以利用参考书或是用网络搜索答案。切忌养成边写边问的习惯。

此外，我们还可以让父母在检查作业时，做出一点小小的改变，以帮助我们养成自主学习的意识和习惯。例如，检查数学作业时，我们可以先自己检查一遍，找出不对的地方重新计算，然后请父母复查。这样可以让我们变得认真、仔细、负责。

家长在检查语文和英语作业时，应重点检查字迹工整度和卷面的整洁度。如果没有达到要求，我们要主动擦除污渍，整理卷面，再把写得不端正的字重新誊抄一遍。毕竟一份干净整洁的作业，自己看着也舒服。

在这些过程中，我们可以和父母沟通，让他们对我们做得好的部分及时给予表扬，从而增加我们的自信心。比如，写作业的速度加快了，字迹比以前更工整了，错题数量比以前少了，等等。这些看似小小的进步，却能帮助我们养成良好的学习习惯，从而帮助我们提升学习效率。

02
学好数学，课本例题要记牢

因为数学老师临时开会，今天的数学课改为自习课，由数学课代表王瑞带领大家学习。

王瑞的数学成绩很优秀。他很快完成了今天的数学作业，然后对大家说："同学们有不会的问题尽管来找我，我会一一为你们解答的。"

同学们听到他的话不由得感叹："这完成得太快了吧！"

王瑞的同桌小园问道："王瑞，这道题我算出的答案是不是错了？"

王瑞看了看小园的做题过程，说："确实错了，你的解题过程不对。我建议你去复习一下课本上的例题2，应该就会做这道题了。"

小园按照王瑞的建议翻看课本，发现自己做错的题目和那道例题很相似。重新复习后，小园果然解出了正确的答案。

"王瑞你简直是个天才！"小园忍不住夸赞自己的同桌。

王瑞谦虚地说："我不是什么天才，只是把例题和课后习题都认真学会并吃透了而已，这样再去做其他的习题也会容易很多。"

数学是一门逻辑性非常强的科目，每个年级课本的编排也讲究知识点的前后连贯。例如，加减法没有学好，会影响对乘除法的理解；四则运算没有掌握，后面的应用题学起来就很困难；竖式计算应用得不熟练，将会影响以后数学计算的速度和正确率。

要想学好数学，一步一个脚印地打牢基础，保证知识点环环相扣、"不掉链子"是关键。很多同学在学习数学时喜欢搞"题海战术"，其实是"只要我题目见得多，考试时就全会做"的心理在作祟，实际效果并不明显。甚至越做越糊涂、越做越不懂的情况也时有发生。这是因为基础没有打好，做题只追求"多"，而忘记了"精"。

"背例题"是一种学习数学的好方法，这里的"背"不是让你像背语文课文一样把例题背下来，而是在熟悉做题方法的前提下将例题熟记于心。当你掌握了每一种题型的解题方法，再遇到类似的题目，就会立刻联想到背过的例题，做题也就得心应手多了。

在平时的学习中，同学们可以有意识地将课本例题和课后习题进行分类，把这些题目中用到的解题方法总结出来，或者找出同一道题的几种不同的解题方法。在进行这项工作的过程中，同学们也就不知不觉地将这些题目"背"了下来。

等完全掌握了课本内容后，再去看课外练习题，会发现那些题目和课本例题十分相似，只不过改变了题干的叙述方式或换了数字而已。用到的解题方法，并没有脱离课本的范围。

要记得，课外练习的目的是在训练熟练度的基础上，进行适当拔高和拓展。如果基本方法掌握得不牢固，就去看偏题、难题、怪题，只会浪费时间，什么都学不会。

当然，想要提高数学成绩，还有很多方法，比如训练计算能力、打破思维定式、养成在生活中应用数学知识的习惯等。

一、训练计算能力

有些同学总是在考试中出现计算错误这种低级错误，除了粗心，还有可能是计算能力差导致的；还有些同学总是做不完卷子，有时候一道题算了好几遍，答案都不同，也是计算能力差造成的。

想要加强计算能力，需要在课外时间下功夫。平时做题时要加强自律，减少使用计算器，坚持口算和手算，并适当进行专门的计算能力训练。

比如，先以10道计算题为一组，每天做5组，做到每组题全对；再以20道题为一组，每天做3组，做到每组题全对。可以通过这样的方法提高做题的正确率，等做题的正确率稳定后，再训练做题的速度。还是先从10道题为一组开始，在保证正确率的前提下，逐渐缩短每一组的做题时间；然后再增加到20题一组，进行重复训练。

二、打破思维定式

有些同学掌握的做题方法少，遇到相似的题目就只会照搬套用、机械重复，容易形成思维定式。他们在看到某个题目时，发现是以前遇到的相似题，便会想当然地列出公式进行计算，结果题干已经改变，自己却没有仔细读题。

比如,"A是B的3倍"和"A比B多3倍"这两句话看起来非常相似,但列出的计算公式完全不一样。如果同学们在做题时不注意,很有可能因为思维定式,用错了解法。

想要摆脱思维定式,最有效的方法就是认真读题。"认真读题"这四个字看起来很简单,做起来却很难。建议同学们在平时做题的时候,就养成边读边写的习惯。拿笔尖指着题目上的字,一行一行地认真读题。遇到题目中的关键字眼,要及时进行圈画和标注。

人的视线都有跳跃性,稍微不注意,就容易看错行。如果用笔尖一字一字地指着,就可以为视线提供指引,避免读错、读漏,也可以摆脱思维定式的影响。

三、在生活中应用数学知识

心理学家研究发现,我们学习的各种知识与我们的生活联系得越紧密,接纳和掌握起来就越容易。

有些同学认为,数学是一门抽象的学科,学到的知识好像没有什么用。其实,生活中需要用到数学知识的地方有很多,只是我们没有用心去发现。在生活中多多应用数学知识,你会发现数学是那么有趣又充满变化。

和父母去超市的时候，帮着他们算一算商品的价格。比如，在挑选酸奶时，应用乘法和除法，算算打折后的价钱，再算算一组酸奶中，每一瓶酸奶的价格。再比如，在学习了圆柱体、正方体、长方体后，在生活中找一找，看看哪些物体是这些形状，再与老师讨论为什么这些物体会是这样的形状。

数学源于生活，生活中到处充满数学。只要你用心观察，就会发现自己学到的知识原来这么有用，数学知识原来一点都不枯燥。如果你能够发自内心地爱上数学，那么相信你也一定可以学好数学。

03

学好语文，做生活的有心人

很多同学不知道该如何提升语文成绩，每次考试前也不知道该如何复习语文。这不，四年级的笑笑同学也遇到了同样的问题。

还有一周就要期末考试了，笑笑每天晚上都在认真地复习，准备考试。可是爸爸发现，笑笑只复习了数学和英语，并没有翻看过语文课本。

"笑笑，你复习得怎么样啦？准备什么时候开始复习语文呀？"爸爸来到笑笑的房间，一边翻看着书桌上的学习资料，一边问她。

"语文？语文没什么可复习的，我打算在考试前背一背古诗词。"

爸爸提醒笑笑:"那你看作文书了吗?"

"就这么几天时间了,看作文书也没用,又不可能正好看到要考的作文题目。"

爸爸语重心长地对笑笑解释:"语文考前还是有很多东西可以复习的,你把平时学过的生词、易错词组的读音,还有常见的病句类型都看一看;作文可以按照记叙文、说明文等分类,各看几篇有代表性的范文。"

听到爸爸这么说,笑笑恍然大悟,连忙找出课本和平时的练习卷复习了起来。

有些同学认为语文知识是零星的、分散的,每一篇课文之间都是独立的。其实,他们只看到了表象。语文知识也同样具有系统性,知识点之间的联系十分紧密。只是语文需要长时间的积累和学习才能形成体系。

语文的学习是一个细水长流的过程,它渗透于我们生活的方方面面,关键在于日积月累地坚持。我们每天说出的话、听到的话、与别人的交流都是一种语文学习。

语文成绩没有办法靠突击提高,必须在日常的学习和生活中下功夫。做生活的有心人，通过观察、模仿、思考、积累，将语文学习融入生活。

学语文就是学习中文这门语言，只要是学习语言，就离不开"听、说、读、写"四个方面的要求。

听，要做到专注地听。听老师讲一篇课文，要能听出记叙文中的主要人物的性格特点和关键事件，要能抓住说明文中被说明事物的特征，要能听出议论文的主旨和主要论点。

说，要大胆地说。说出来的话要简明扼要，连贯得体，让听的人明白说者想要表达的观点。

读，要广泛地阅读。无论是报纸、杂志，还是各类优秀作文集和中外名著，都可以拿来阅读。

写，要做到文字通顺、详略得当。写人、写景和记事，要有真情实感；写说明文，要突出主要特征；写议论文，要有理有据、逻辑合理。

对于小学阶段的语文学习，想要达到上面的要求，最重要的就是打好基础，培养扎实的文学功底。只有掌握了大量的字、词、短语、句等基础性知识，才能在阅读时不受到生字、生词的阻碍，从而深刻理解文章的中心思想，做到有效阅读。然后，通过大量阅读，积累素材，从模仿他人写作，到形成自己的写作风格，写作水平自然就提高了。

同学们在平时的语文学习中可以准备积累本，用来记平时学习中遇到的成语、多音字、多义词、病句等，没事就拿出来翻一翻。在生活中，如果他人使用了病句，或者某些字读错了，也应及时指出并纠正。在提醒别人的同时，自己也可以加深印象，帮助记忆。

除了打好基础，语文的学习还应注意读与写的结合。学习语文，必须把阅读、思考、写作相结合，才能提高学习效率。这里主要有三种形式：

第一种是阅读+读书笔记。阅读完一篇文章或一本书，要及时写读书笔记，把其中优美的、富有哲理的段落、句子摘抄下来。

第二种是阅读、生活+日记。写日记是一个特别好的习惯，它可以帮助你保留每一个时期自己心理和思想的变化，也可以帮助你观察生活和记录生活中的各种感悟。把阅读后的感悟或者生活中对某些事情的思考写出来，也是对表达能力的训练。

第三种是阅读、生活+写作。写作与写日记最大的区别就是写作有特定的行文方式。比如散文、小说、记叙文、说明文都是有固定格式的。除了完成老师布置的作文作业外，同学们还可以经常写写其他文章，以具体、规范的形式表达自己的思想，逐渐形成独属于自己的思想体系和文章风格。只有多读、多写、多练，才能提高自己的语文阅读和写作水平。

我们在前面说到"做生活的有心人，通过观察、模仿、思考、积累，将语文学习融入生活"，很多同学可能并不知道要怎么观察生活，也不理解为什么观察生活和写作有很大的关联性。

举一个简单的例子：如果你在作文中要描写一个人的笑，你会怎么写呢？

普通的写法是"他开心地笑了""他哈哈大笑"。可如果你用心观察，就会发现"笑"也是各种各样的，如开怀大笑、哄堂大笑、捧腹大笑、嫣然一笑、掩面轻笑，还有友好的笑、亲切的笑、皮笑肉不笑、轻蔑的笑，等等。这些细微的差别，都是需要我们通过认真观察、用心思考才能感受到的。

同时，在阅读作文书时，可以将好词好句摘抄下来，要有意识地去学习范文中的精彩描写，等到自己写作文时便可以用上了。此外，作文书可不是在考前突击时使用的，而是要将它当作日常的阅读材料，每天读一篇，每天积累一点，坚持的时间越长，积累的素材越多，对我们的写作越有帮助。

希望同学们都能做生活中的有心人，多多观察生活中的事物，多多体会世界的美好，成为一个有思想、有态度、有温度的人。

04 学好英语，脑袋、嘴巴齐上阵

英语是一门神奇的学科——喜欢英语的人认为它特别简单，不需要花太多精力就能学好；不喜欢英语的人认为它特别枯燥乏味，背单词是世界上最难的事情。

小范的语言表达能力很强，语文成绩和数学成绩都不错，可唯独英语这门课他学得不好。

于是，他开始对英语感到厌烦，每次上英语课都想打瞌睡，做作业也开始敷衍，每天都把英语作业放到最后才做，有些需要背诵的单词他甚至懒得去背，因为他觉得背了也没用，考试还是考不好。

英语老师注意到了小范的变化，将他叫到办公室询问。

"小范,你最近的英语成绩下降得厉害,可以跟老师说说发生了什么吗?"

"老师,我觉得自己不适合学英语,感觉怎么学都没有用。"

"其实之前你的英语成绩并不差,只是相对其他科目的成绩而言不突出。老师反倒觉得你很适合学英语。"

"但是我总是记不住单词,英语作文也写得不好,比起语文作文,简直是一塌糊涂。"

"英语和语文在学习方法上还是有一些差别的,你可能只是没有找对方法。老师相信你能学好英语。"

"真的吗?老师,我都对自己失去信心了,您认为我可以吗?"

"当然了,小范,学英语一定要有信心。自信的心态加正确的方法一定可以让你学好英语的。"

学英语对有些同学来说特别痛苦,作为一门外来的语言,相对于理性的思维,它更多的是对记忆力的考验。除了海量的单词需要背诵，听力、阅读、写作也像三座大山一样压在身上。

想要学好英语，"背"与"说"很关键。我们不但要加强记忆力训练，多背单词、语法，还要加强口语训练，在背诵时配合朗读，在练习口语时配合背诵。只有把大脑和嘴巴一起调动起来，才能提高学习效率，提高英语成绩。

先来说说"背"。单词作为英语学习的基础，是必须攻克的难关。想要提升英语成绩没有任何捷径可走，必须努力提升自己的词汇量，把英语单词背得扎扎实实的。

德国著名的心理学家艾宾浩斯研究发现，人的记忆力是一条变化的曲线，我们通过大脑记住的东西总会被遗忘，而这种遗忘的速度刚开始会特别快，然后逐渐减慢。为了抵抗这种遗忘，我们应该及时复习。刚开始，复习的间隔时间要短一些，然后复习的间隔时间可以逐渐加长。

建议以七天为一个周期，在第一天时首次背诵一组单词，然后在第二天及时复习这组单词，接着在第四天再次复习，最后一次复习则放在第七天。这样，就可以牢固地掌握所学单词。

接下来聊聊"说"。很多中国学生学习英语都学成了

"哑巴英语"——阅读英语文章完全没有问题，但无法用英语交流。张开嘴巴说英语，不但能提升我们的英语口语能力，也能将我们"学进去"的英语"应用出来"，帮助我们更好地记忆和背诵。

想要"说"好英语，利用"说"的方式学英语，你可以这样做：

例如，将家中的家具、电器等各类物品贴上英语单词的标签，每当用到它们的时候，就大声读出对应的单词，还可以在超市里用英文向父母介绍各类蔬菜、水果，用英语读出每样商品的价格等，这些都是帮助你背单词、练口语的好方法。

你还可以和同学组成"口语伙伴"，每天利用课间或者放学后的时间，进行英语对话的练习。你们可以将当天学过的课文分解开，一人读一段，还可以与同学一起将书上的对话表演出来。

此外，如果有机会，你还可以选择与外国友人进行对话练习。遇到外国友人，大胆地走上前去与他们对话，这样你既可以培养自信心，又可以练习口语。

除了背单词和说英语，也有一些同学一提起阅读理解和写作就感到头疼。其实，做好了前面两部分内容，阅读理解和写作将会轻松很多，只要再学习一些做题技巧，成绩肯定能够有所提升。

阅读成绩不好，主要原因有两个。一是词汇量不够，读不懂原文；二是找不到题干问题对应的原文。**词汇量不够的问题，只能靠自己背单词来解决；不会从原文中找答案，则可以通过"5W1H"解决。**

"5W1H"指的是who、what、where、when、why、how。在阅读题中，题目一般都会围绕"who（什么人）、what（什么东西或什么事情）、when（什么时候）、where（什么地方）、why（什么原因）、how（怎么做）"来提问。所以，我们在阅读时要带着问题去读原文，在文中画出"5W1H"对应的关键词，这样整篇文章的主要内容会清晰明了，再做起题来也就容易多了。

想要写好一篇英语作文，不是一朝一夕就可以做到的，它是一个逐步学习、训练和提升的过程。先熟悉写作文常用的形容词、动词、连词等，再学会使用各种句式，从简单的陈述句、疑问句到否定句、感叹句等，最后才能把句子组合到一起，写出一篇完整的作文。

可以从仿写开始学习写作。先仿写句子。例如：根据从课本上学到的句式"Dogs are our good friends（狗是我

们的好朋友)"，可以仿写出 "Animals are our good friends（动物是我们的好朋友)"。再仿写整篇文章。例如：范文中描写圣诞节时，先介绍了圣诞节的时间，再介绍圣诞节的习俗，最后介绍圣诞节的饮食。我们就可以学着范文的结构对春节进行描写，先写春节的时间，再写春节的习俗，最后介绍春节期间的传统美食。

所以，同学们平时要多背课本，多看范文，多积累一些句式模板，训练写作的逻辑思路，到考试时便可以驾轻就熟了。

05

做题又好又快，总结做题技巧少不了

经常有同学反映自己做题速度慢，考试的时候会出现写不完试卷的情况：语文考试写不完作文，英语考试做不完阅读题和作文，数学考试算不完最后几道大题。

小静是一个性格慢吞吞的女孩，做事不急不躁，就连考试时也紧张不起来。这次期末考试，小静的英语阅读题还有3道题没有答完，英语老师对此十分担忧。他将小静叫到办公室，想问一问她到底哪里出了问题。

"小静，你这次考试为什么写完了后面的英语作文，却在前面的阅读部分空了3道题呢？是忘了

做，还是没做完？"

"老师，考试时阅读题做到一半，我发现距离考试结束只剩15分钟，就赶忙去写作文了，结果作文写完后，就没时间去做阅读题了。"

"小静，老师认为你在考试时出现写不完试卷的情况，是因为你时间观念不强，做卷子没有整体把握时间。同时，你的做题速度也应该加快，要在平时的学习中多加训练。希望下次考试不要再出现这种情况。"

与小静存在相同问题的同学有很多，大家在考试时对时间的把控容易"前松后紧"，也就是在解答前面的考题时耽误了太多时间，到后面才发现时间不够用。结果，不是题目做得太匆忙导致出错，就是压根没时间把卷子写完。

想要在考试时合理把握时间，加快做题速度又不影响正确率，避免发生会做的题目没时间做的状况，需要从两方面着手：一是善于总结各科目的做题技巧，二是在日常写作业时养成限时答题的习惯。

先来讲一讲各个科目的做题技巧。无论是哪一门科目的考试，拿到卷子后第一时间要做的，就是快速地浏览一遍卷子，对本次考试的题量和难度有一个大致的了解，然后按照先易后难的顺序、先快后慢的速度来答题。

例如，数学考试时先做会做的题目，遇到难题及时跳过，等做完整张卷子再回看这些难题。所谓难题，就是你思考了好几分钟仍没有思路，无法做出的题目。

面对这些难题，如果实在没有思路，不会作答，也不要空着，这里有几个技巧可以帮助你尽量得分。

如果遇到不会做的选择题，同学们可以尝试"**选项代入法**"，就是将四个选项分别代入题干计算，选出正确的选项。还可以运用"**特殊值代入法**"，即根据命题条件，将满足条件的特殊值代入题干中，使复杂的问题变简单，从而得出正确答案。

如果是完全没有思路的题目，可以将对应知识范围内能记住的公式都列出来，然后对照题干给出的已知量，代入公式中，尽量向后推导计算。如果有多种思路，可以将它们都写出，无论步骤对错，一定要写明确。毕竟数学阅卷是根据步骤给分的。

语文和英语的考试，阅读题和作文是重点。要提升作文成绩，主要靠平时多读、多积累、多练习。而对于阅读题，则可以通过一些技巧加快做题速度、提高答题的正确率。

语文阅读的题目类型大多是固定的，同学们可以将阅读题的常见类型进行分类，然后整理出阅读题的答题模板。在考试时按照模板回答问题，可以令语言更加简练、得分点更加清晰。

例如，针对"文章开头一段的某一句话在文章中的作用""中间某段或某句的作用""最后一段某句的作用"等问题，我们可以这样回答：

开头一段的某一句话，从结构上来说，是落笔点题，点明文章的中心，起到开门见山、总领全文或引起下文的作用；从内容上来说，是为下文做铺垫，为后面某内容的描写埋下伏笔。中间某段或某句，在结构上是起到承上启下、过渡的作用。最后一段的某句，一般是总结全文，点明文章主旨，让人回味无穷并与文章的标题相照应。

有些同学做英语阅读题时有一个不好的习惯：一字一句读得很慢，一个句子重复读很多遍，遇到生词就停下来。这样做十分耽误时间，对做题也毫无帮助。正确的做法是，**先读一遍题目，圈出其中的关键词，再整体浏览全文，遇到不懂的单词暂时跳过。**

先读题目再读原文，带着问题去阅读，可以在阅读时更有针对性，提升效率。很多时候，我们只要通过找出短文中与题干相同的句子，就能快速得出答案。

接下来，我们说说日常写作业时的限时训练法。

每天在开始写作业之前，对当天的作业量进行一个预估，然后给每一项作业限定完成的时间。刚开始，如果把握不好自己写作业的速度，可以请父母帮忙计时。在计时期间不能休息，不能中断，要一气呵成，这样才能得出真实的做题速度。然后以此为基础，限定每一项作业的完成时间，并逐渐缩短这个时间。

尤其是做练习卷，这是一个了解自己的做题速度的好机会。我们应该把每一张练习卷都当作考试卷，严格按照考试的时间要求来作答。通过做练习卷，我们还可以找出每部分题型最合适的分配时间。

一张数学试卷的规定完成时间是1小时，在做题时要有意识地记下自己做选择题、填空题、解答题的用时。假如你的习惯是选择题花15分钟，填空题花10分钟，解答题花35分钟，那么之后每一次做数学试卷，都要以此为标准来分配时间。

限定具体题型的做题时间，也能帮助我们调节做题速度。如果某一张卷子的选择题整体较难，15分钟内做不完所有的题目，就应该果断放弃那些毫无思路的题目。如果某一张卷子只有1~2道难题，则可以适当花点时间研究难题，只要整体时间不超过15分钟即可。

　　坚持进行这样的训练，可以培养我们答题时的时间观念，更灵活地调整自己的答题策略，等到真正考试时就不会出现"前松后紧"、写不完卷子的情况了。

06

跟所有的马虎说"拜拜"

马虎是很多学生会犯的错误，也是学生考试失分的常见原因之一。无论老师和家长如何提醒，每次考试还是会因为马虎而犯错。学生们自己也很懊悔：这些题目明明都会做，怎么考试时又马虎了？

彭彭是一个聪明的小男孩，课堂上的新知识总是学得很快，老师讲解的题目也能快速地掌握答题技巧。但彭彭也是个马虎的小男孩，无论是在生活中还是在学习中，他总是丢三落四、粗心大意。

每次考试彭彭都会因为马虎被扣掉很多分数，虽然最后的成绩不差，但如果改掉马虎的毛病，他的成绩可以提升不少。但彭彭对此并不在意，面对那些错题，他会为自己开脱："这些题我都会做，只是有点马虎，下次考试时我会注意的。"

上个学期期末考试的成绩单出来了，彭彭开心地告诉爸爸："这次3门课程，我都考了90分以上。"

但爸爸在翻看了彭彭的试卷后皱起了眉头，问："彭彭，你的数学卷子上为什么有一道题没写？"

"我着急做卷子反面的题，就把正面最后一道题给漏了，但这道题我会做。"

"那这道题呢？你的计算步骤都正确，答案怎么还能算错呢？"

"因为计算时点错小数点了，下次我会注意的。"

听到这里，爸爸严肃地对彭彭说："马虎可不是小问题，如果你再不重视，成绩绝对会受到影响。如果你还是以这样的态度学习，以后会出大问题的！"

马虎是小学阶段大部分学生的通病，通常表现为本不该答错的题却答错了，本不该看错的题却看错了，本不该写错的字却写错了，等等。

想要改掉马虎的毛病，首先要找到原因。觉得自己马虎的同学不妨对照下面四点找一找原因，然后有针对性地改正。

一是态度问题。学习时态度不认真，对学习不够重视，理解知识不求甚解，只要明白个大概就可以。因此，在学习时敷衍了事，对知识的掌握不到位。

二是性格问题。做事情着急、浮躁，没有耐心，学习时也容易心急，心急难免会出错。

三是熟练度问题。因为对知识的熟练度不够，导致考试时做题速度慢，为了按时交卷，难免会顾此失彼，忙中出错。

四是习惯问题。马虎已经成为一种习惯，平时的生活和学习中就粗心大意，考试时难免会受这种习惯的影响，审题不仔细，计算不用心，写字随随便便，这样肯定会丢分。

知道了马虎的原因，我们又该如何有针对性地改正呢？

首先，端正学习态度。有的同学平时忽视基础知识、基本技能的学习和训练，以为它们是小儿科，没什么意思，对它们掌握得不牢固，考试一旦遇到就会出现错误。

针对这种情况，我们一定要认识到基础知识的重要性，懂得"最容易的往往是最难的，也是最容易出错的"这个道理，改正散漫敷衍的态度，从最基本的概念、公式、字词句开始背起，保证把基础知识掌握得透彻、扎实。

其次，解决性格问题。急脾气的学生容易出现审题不认真、盲目追求做题速度、不能耐心检查答案等问题。例如：把"选出不正确的一项"看成"选出正确的一项"；题目中有三个小问题，答题时漏掉一个；计算时将11.5写成1.15；等等。

想要改掉这些毛病，我们可以在考试做题时给自己设一道"障碍"，也就是在审题时，先闭上眼睛停顿三秒钟，让大脑缓一缓，然后再拿起笔，一字一句地读题目，并且边读边圈画出题目中的关键词，再进行解答。这样做既可以放慢做题速度，让自己不那么急躁，又可以避免因为粗心而看错题目的情况发生。

然后，解决不熟练的问题。有些同学做题时明明记住了公式和概念，却因为平时做题少而计算不熟练；明明复习了作文，可是平时只是阅读范文而已，并未动手写过，所以写不好。

要解决不熟练的问题其实很简单，在课后增加做题量,切忌眼高手低,复习时不能只看,要自己动笔写、自己动笔练。只有熟练度上升了,做题速度才能加快,才能避免考试时因时间不够、做题慌乱而出现的错误。

最后是习惯问题。马虎不是一天养成的,如果从小没有养成良好的生活习惯,没有有序的作息安排,做事缺乏条理性,那么在学习中也一样会粗心大意。改变习惯,要从生活中的小事做起,通过培养良好的生活习惯,从而有效避免在学习中粗心大意。

同学们可以从整理自己的衣橱、抽屉和房间开始做起,尽量让自己的生活环境变得井井有条,养成做事仔细、有条理的习惯;在学习上要做到当天的作业当天完成、做完作业要检查、课前要预习、课后要复习的好习惯。

另外,这里再给同学们介绍**两个学习和考试中避免马虎的小技巧**,希望对大家能有所帮助。

一是准备专门的粗心错题本。整理每次考试、练习中出现的错题时,可以将马虎造成的错题单独记录,并且在每一道题旁边写清楚具体的原因,例如看错题目、计算错误、概念记错、应用不熟练等。在每次考试前翻看错题本,便是对自己的一种提醒,有助于避免考试中出现同样的错误。

二是学会检查。每次考试做完全部的题目后，一定要记得检查。首先，浏览全卷，查找有无漏掉的题目。其次，检查答案，在检查时可以使用倒推法，也就是将答案代入原题进行验证，这样可以避免惯性思维，提高检查的效率。

chapter 5

第五章

课后复习：偷偷变强，惊艳众人

01
课后复习一团糟,先制订计划再行动

星期日下午,凯凯家迎来了一位小客人,是凯凯的邻居,也是他的同学——余洋。凯凯热情地将好友迎进门,并邀请余洋去自己的房间里玩耍。

来到凯凯的房间,余洋好奇地打量着屋子里的一切,发现凯凯在墙上钉了一面软木板,上面挂着好几张写满了字的表格。他凑上前去,念道:"本周计划表、英语复习计划表、学期计划表……"

"那些是我的复习计划表。"

"这也太多了!怎么连周末都要做计划呀!"

"不做计划怎么能安排好时间呢?"

"周末写完作业不就好啦,我还想叫你一起打篮球去呢。"

"现在不行,我接下来计划复习本周新学的英语单词,我们可以下午5点以后去。"

"现在已经是下午3点了,早点背单词还是晚点背单词没有区别啦。"

"那可不行,做了计划表就得按照计划执行,不然这计划表起不到任何作用。"

有些同学在日常的学习中根本没有复习计划,往往是需要用到过去的知识点时,才翻找对应的内容进行回顾。这样没有目的、没有计划地复习,会让头脑中的知识点变得凌乱,对课程的掌握也不够全面。尤其是到了期末,需要复习的内容很多,所有知识点堆在一起,如果没有制订详细的计划,那么很难理出头绪,也就无法进行全面的复习。

有一个好的复习计划,就像有个人在无形中监督你,带着你前进,可以提高你的自觉性,让你更加自律。有了复习计划,学习的目标会更加明确,实现目标也更加有保障。

复习计划规定了我们要在什么时间,采取什么方法,达到怎样的复习效果。短时间内达到一个小目标,长期下来达到一个大目标。在短期计划与长期计划的共同指导下，我们能把知识点掌握得足够牢固，逐渐提升学习效果。对照每日计划，可以将自己的学习和生活管理好，合理地安排学习时间。对照长期计划，可以定期检查自己的复习效果，查漏补缺，总结经验。

其实不只是复习计划，我们在生活中做任何事情，都应该先制订计划再行动。从现在开始养成制订计划的习惯，也是在培养一种良好的学习习惯，对我们养成良好的生活习惯也十分有帮助。

建议同学们自学期伊始，就制订好每一门课程的学期计划，并将整个学期的复习任务拆分，将长期计划和短期计划相结合，分别制订出月计划、周计划、日计划。

制订复习计划，目标要明确、具体、可量化，而不是几句简单的空话。例如，有的同学制订的学期计划为"英语考试的成绩超过上一次"。这个目标是想分数超越上一次，还是名次超越上一次？仔细思考后不难发现，这只是一句口号，但如果把目标换成"期末英语考试，从70分提升至85分以上"，就会具体得多。

有了目标以后，又该如何拆分计划，将它分成一个一个的中短期目标呢？同学们可以跟着下面的步骤进行。

第一步，制订月计划。

小学阶段，每个学期的时长在四个半月左右，四个月学习课本知识，一周时间复习，最后一周考试。

那么，我们的月复习计划可以分成三轮进行。第一轮是跟随老师的讲课进度，复习当天所学的知识，牢固掌握基础知识，持续四个月；第二轮是从本学期第二个月开始，配合练习题，对已经学过的知识进行复习，目的是强化对知识点的记忆；第三轮是冲刺复习，自考试前一个月开始，进行全面的考前复习。

第二步，制订周计划。

周计划要跟随月计划制订，同时结合本学期节假日的情况。可以在每个月月初对上一月的学习情况进行总结，然后制订好本月每周的复习计划。

第一周至第十六周进行基础知识复习，主要任务是整理课堂笔记，梳理知识脉络，背诵各科目相应的生字词、单词或公式。第五周至第十六周还要加上习题训练，根据练习题的数量分配好每周的训练量。从第十四周开始，直至考试之前，进行考前冲刺复习，主要任务是再次回顾课本内容，结合笔记、作业、错题本全面复习，对复习过程中发现的没有牢固掌握的知识点单独记录，反复练习。

第三步，制订日计划。

在每周日对本周的学习情况进行总结，然后结合课表，根据课程进度制订下周的每日计划。制订计划时要具体，不能笼统地概括为"周一复习英语，周二复习数学"，而应将每一天要学习的内容精确到章节和习题，例如"周一完成英语第一单元的单词复习和语文第二单元的古诗文复习，周二完成数学四则运算专项复习和英语倒装句专项复习"等。

第四步，设置学习时长。

在复习计划中，将每天可用于复习的时间全部标注出来，再整体规划。例如周一至周五，晚上有两小时复习时间，则可以合理安排各个科目的复习时间。到了周末，除去写作业、上兴趣班、运动的时间，将剩下的时间按小时划分，依次分配给不同的科目。

同学们如果按照这样的方法进行课后复习，可以随时巩固知识点，将知识学得更扎实，在期末时便能够更加从容。

02

记忆有时效，课后复习必须趁热打铁

各位还记得艾宾浩斯吗？没错，就是那位研究人类记忆力的心理学专家。他的研究结果表明，人类的记忆力是一条曲线，记忆的最初阶段遗忘速度最快，之后遗忘速度逐渐减慢，过了较长一段时间后，几乎就不再遗忘了。具体而言，人们学习新知识1小时后，只能记住约44%的内容，48小时后还能记住近28%，6天后剩下约25%。由此可见，学习新知识后，及时复习是十分重要的。

"爸爸，我回来啦！"小伟气喘吁吁地打开家门，随手把书包甩到地上，趴在了沙发上。

爸爸从厨房里走出来，关切地问："儿子，你这是干什么去了？怎么累成这样？"

随后进门的妈妈解释说："放学后又在楼下和洋洋他们踢了一会儿足球。"

"看来玩得很开心嘛！"爸爸笑眯眯地说。

"是的！老爸，我今天可是进了3个球呢！"小伟骄傲地向爸爸炫耀自己的"战绩"。

妈妈无奈地看着父子俩，说："天天惦记着踢球，你怎么不给爸爸讲讲，今天在学校都学到什么啦？"

"那么多节课，我怎么说得过来呀！"

"最后一节课学了什么总还记得吧？"

"当然了。最后一节是班主任的语文课，学了古诗《忆江南》。"

"那你给爸爸妈妈讲一讲这首古诗。"

"没问题。这首诗主要讲了……哎呀，我一下子忘记了，等我看看课本。"

"这才过了多久，连上课内容都忘了？"

同学们是不是也遇到过与小伟一样的问题呢？白天课上刚刚学过的内容，到了晚上就会忘掉很多，第二天再上课,甚至会忘记前一天学了什么。其实这是正常的现象,因为人类的遗忘规律就是如此。完全陌生的知识,在第一次学习后总是忘得很快。所以,我们要复习,要写作业,要反复背诵,以对抗这种遗忘规律。

课后,立即对当天学习的知识进行复习,能帮助我们更全面地理解课堂知识。如果复习得及时,甚至能够再现老师讲课的所有内容。我们可以认为,当天的复习是与遗忘进行的最重要、最有效率的一次"战斗";如果这次"战斗"获得了胜利,以后复习起来就会容易得多。

所以,同学们必须养成课后及时复习的习惯。课后复习并不需要花费大量的时间,只要掌握技巧,利用零散时间也能完成。这项任务的关键是:我们应自觉执行,不要等到老师或者父母提醒后才去做,因为到那时已经错过了最佳复习时间。**课后及时复习,可以采用下面四种方法:**

一、课堂上,对某个知识点及时回顾

课堂上,老师讲解了某个知识点后会有停顿,目的就是让学生思考、消化刚刚讲过的知识点。同学们要抓住这个机会,赶紧对老师所讲解的内容进行回顾。如果有不够明白的地方,要及时向老师请教。

例如，老师讲解诗词《忆江南》时，对全文进行了翻译，然后略微停顿，给大家一点时间消化所学内容。有的同学就趁这个机会，将诗词与译文进行对照，发现"春来江水绿如蓝"这句话被译为"碧绿的江水绿得胜过蓝草"，而不是"绿得像蓝草"，他记不起老师刚刚对此是如何讲解的，于是立即举手提问，弄明白了此处的用法："如"用法犹"于"，有胜过的意思。如果没有这样的及时回顾，恐怕不理解的地方就会在不知不觉中被忽略了。

二、下课后花1~2分钟，对课堂上的教学内容及时回顾

课堂上，老师讲解知识的节奏有时较快，知识量也较大，同学们单凭课上有限的间隙时间回顾老师讲解的知识是不够的，在下课后花上一两分钟对新的知识内容进行回顾，可以避免遗忘。

仍以《忆江南》为例，老师在一堂课上不仅讲解了这首诗词的译文，重点词句的翻译及用法，还讲解了白居易在创作这首诗词时的人生经历，以及"词"的相关背景知识。假如我们在课上对诗词的译文、重点词句的翻译及用法进行了回顾，那么下课后还应花几分钟时间对其他内容进行回顾，这样就可以填补知识的漏洞，保证彻底掌握本堂课的内容。

三、做作业前先用一段时间对当天学习的内容进行回顾性复习

这种回顾性复习，只要在写作业前重新翻阅相关的课本内容，进行简单的回忆和思考即可。

例如，今天在学校学习了四则运算，那么在写作业前，先将课本上关于四则运算的内容回顾一遍，并重点记忆其中的运算法则，然后合上课本再开始做题。千万不要一边做题，一边翻书，这样不利于知识的掌握，基本与抄作业无异。

人在学习新知识后，新知识只会与大脑形成一种暂时的联系，经过及时复习，这种联系可以被强化；通过多次反复，便能巩固下来。这就像是背电话号码，我们往往能记住父母等亲近之人的电话号码，这是因为我们天天拨打，那些偶尔拨打的电话号码却很难记住。所以，做作业之前先复习当天所学的知识，有助于理解和记忆。

四、在学完一个单元或一个章节的内容之后，对所学的内容进行一次较为完整的回顾性复习

这种复习除了进行必要的阅读、背诵和理解之外，应着重梳理单元或章节的全部内容，形成知识体系，抓住教材中的重点、难点以及中心环节,并整理好复习笔记。

同学们如果能坚持按照上面四个步骤进行课后复习,就会发现学过的知识记得很牢固,每次考试前复习的压力也会减少很多,相比"临时抱佛脚"——突击背诵,更能取得优异的成绩。

03

善用主动性思维:"过电影式"复习法

很多人潜意识里习惯使用被动性思维,即大脑习惯于知识的输入却排斥输出。在学校什么都听老师安排,老师没有要求就不去多想,每天只机械性地听课。这样的学生往往行动力不强。

那什么是主动性思维呢?当我们主动回忆起学过的知识,脑海中对它们反复琢磨、钻研,并产生了有别于老师讲课内容的思考时,便是拥有了主动性思维。只听从老师的安排,这样的学习是不够的,我们还必须培养主动思考、查漏补缺、发现问题的能力。

自习课上,小景拿出作业本,开始写数学作

业。前面的习题比较简单,她很快便完成了。做后面的几道题时,她遇到了点麻烦。小景看向一旁的同桌嘉宇,发现她也在写数学作业,便问道:"嘉宇,你的数学作业全都会写吗?"

"会呀。我最后一道题马上要写完了。"

"哇,那你第六题的第一、二小问题是怎么做的?给我看看吧。"

嘉宇拿起自己的作业本正想给同桌看,忽然想起数学老师说过,遇到问题别着急,先自己思考,再找答案。于是,她收回作业本,对小景说:"上课的时候,咱们老师讲过类似的例题呢。"

"真的吗?我怎么不记得了。"

"你慢慢回忆一下,那道题目老师抄在了黑板的左边,当时还特意用红笔圈出了关键的公式,提醒我们注意解题方法。"

"黑板的左边,注意解题方法……啊!是的!我想起来了。"

"你还记得老师的讲解过程吗?有没有记笔记?回忆一下老师的讲解,这两道题是类似的。"

得到嘉宇的提醒,小景慢慢回忆起了课堂上的内容，再结合自己的笔记，很快便有了解题思路。

学习时遇到不会的问题，习惯使用被动性思维的同学，懒得自己动脑思考，选择直接查找答案，然后将答案抄写下来。而拥有主动性思维的学生，会通过回忆知识点，翻看课本，主动寻求解题思路，争取自己得出答案。

对于学习来说，习惯使用被动性思维的结果是很不理想的，而且学习过程十分吃力。被动性思维效率低下，缺乏思维的推动力，学习缺乏积极性。并且，使用被动性思维学习有弊端，老师讲了"1"就只学会"1"，不会举一反三。这样的学生思维缺乏深度，无法将知识点联系起来，所以也缺乏学习的创新。他们学到的知识片面且单一，无法形成自己的思维体系。

当然，主动性思维的能力是可以通过后天练习慢慢培养的。同学们可以先从课后复习开始，练习"过电影式"复习法。在脑子里"过电影"是一种试图回忆的主动性思维，它使大脑积极搜寻已有的东西，这种搜寻本身就具有加深记忆的效果。

"过电影式"复习法就是把教师上课讲的内容回想（重现）一遍，这就像是自己考自己，让自己专心致志地

去动脑筋。具体可以参考以下做法。

  在课后开始学习前，先静下心来，把当日课堂上所学的新课内容按照顺序回想一遍。例如，第一节课是数学课，讲了三个知识点，分别是××、××和××，每个知识点的要点是××；第二节课是语文课，学习了某篇课文，主要内容是××，中心思想是××；第三节课是英语课，课文翻译是××，重点语句是××，主要语法有××。

  按照这样的方式回顾完一天的课程，就能发现自己是否扎实地掌握了知识。"过电影"是一个思考和记忆的过程，每一次复习都要将学习的内容再现一次，使新知识得到强化和巩固。并且，"过电影式"复习法所需时间不多，同学们即使作业较多，也不怕耽误时间。

  此外，不同的科目需要"回放"的内容也有不同的侧重点。

  对于语文、英语等文科科目，我们可以按照课上老师给出的大纲，回忆补充对应的知识点。如果想不起来，可以翻开课本查找，背诵两遍到四遍，然后再回到大纲，继续回忆，直到将整个大纲填充完整，就能获得比较清晰的思路了。

像数学这样的理科科目,复习时的主要任务是串公式、串例题,回忆公式的应用,并结合大纲,看大纲列出的知识点关联哪些问题。

在这个过程中,难免会出现记忆中断的情况。有时候想着想着就忘了,前后两个知识点之间无法衔接。这种情况很正常,此时不要急着打开课本,试着回忆课堂上老师讲课的语气、画面或场景,有助于中断的记忆连续起来。

如果还是想不起来,再打开课本查找答案。想不起来就直接看书比自己复述、回忆要轻松得多,但是这种复习不会留下深刻的印象,记忆效果往往不好,常常会出现看书时仿佛什么都明白,但是一放下课本却什么都不明白的现象。

使用"过电影式"复习法有很多好处。

一是可以检查当日听讲的效果。如果能回忆出全部或大部分内容,就证明自己的预习和听课质量比较好,学习效率是比较高的,从而增强了认真预习和专心上课的信心;与之相反,就应当及时寻找原因,提高预习和听讲的效率。为了使回忆更清晰、更有条理性,可以在草稿纸上把回忆的主要内容写出来。

二是可以提高记忆能力。尝试回忆是一种主动性思维活动。学过的知识，每回忆一遍，就会巩固、强化一次。人的大脑就像一个水库，只有水库里面的水流出，新水才会流入，整个水库才能保持优良的水质。大脑也是一样，输入新知识以后及时输出，才能保持活力。

04

摆脱惯性思维：不同科目可以交替复习

马上就要期末考试了，周六下午，晨晨的复习计划是：背诵三个单元的英语单词，然后做两套数学练习卷。临近晚饭时间，爸爸正准备叫晨晨出来吃饭时，却突然听到晨晨房间里传来一声哀号："啊！好烦啊！"

听到喊声，爸爸赶紧打开房门，察看儿子的情况。

只见晨晨面前散落着数张草稿纸，上面密密麻麻地写满了单词。晨晨双手抱头趴在桌上，烦躁地拍打着自己的脑袋。

"晨晨，发生什么事了？"

"爸爸，我真的好笨啊！背了一下午英语单词，一点效果都没有，还耽误我做数学练习了！"

爸爸走到书桌前，翻看着散落的草稿纸，问："晨晨，你一整个下午都在背诵英语单词吗？"

"对呀，有些单词我怎么都记不住，我一直在不停地抄写，然后反复背诵。"

"儿子，你一点都不笨，只是用错了学习方法，并不是复习的时间越长，效果就越好。"

"用错了方法？"

"是的。你应该尝试将英语和数学交替复习，而不是一整个下午与英语单词死磕，这样会让你的大脑产生疲惫感，背诵效果大打折扣。"

"交替复习，就是学一会儿英语，再学一会儿数学吗？"

"没错，你想想学校的课程表，是不是不同科目交替安排的？你自己在学习时也要按照这个方法进行。"

"哦，那我吃完饭就按照您的方法试试！"

长时间做一件事情，无论是身体上还是心理上都会产生厌烦的情绪，长时间学习也会这样。在日常学习中，许多同学都喜欢一直专注于学习某一门课程，直到收获成果。但是这样做精力和专注力会很快流失，人也会感觉疲惫。尤其是在复习的过程中，长时间进行同一科目的复习，很容易陷入惯性思维，大脑处理信息的效率会降低。复习并不是花够了时间就可以取得相应的效果，关键是要找对方法，增加复习的有效性，提高复习质量。

晨晨爸爸介绍的交替学习法，又叫"分布记忆法"或"重视头尾记忆法"，是把不同科目的知识按时间分配，交替进行记忆的方法。

心理学的研究表明，在记忆过程中，先记住的事物对后记忆的事物有抑制作用，后记住的事物对先记住的事物也有抑制作用。

例如，我们按照A、B、C、D、E、F的顺序记忆，那么开头A只受到B的抑制，结尾F只受到E的抑制，这种情况叫作"单向抑制"。而中间部分B、C、D、E则受到双向抑制，也就是B会同时受到A和C的抑制。所以对于需要记忆的内容，开头和结尾是记忆效果最好的。而越是中间的部分，越容易受到其他内容的影响，记忆效果越差。

同学们明白了这个规律后,就知道该怎样**使用交替学习法帮助复习了**。这里有三个记忆原则:

一是合理地安排复习内容,尽量使前后相邻的学习内容截然不同,防止抑制作用的发生。比如,复习完英语后,不要接着复习语文,而是复习数学。

因为语文和英语都属于文科科目,学习内容相近,长时间学习,会导致学习上的单调刺激,就如同听钟表的嘀嗒声一样,容易使人发困,产生疲惫感,再坚持下去就会越来越累。

二是把重要的内容放在开头和结尾复习,避免它们受到中间内容的影响。比如,我们在背诵某一单元的英语单词时,先背诵该单元的重点单词、词组,最后,再次复习这些重点内容。

三是把需要大篇幅背诵的内容分成几段背诵。原本一大段背诵内容只有一个开头和一个结尾,如果在背诵时将它分成几段,就会增加好几个开头和结尾,便可以降低背诵难度。

还是以背诵单词为例:如果一个单元的词汇量较大,我们可以将其分成三段背诵,记忆效果会比一次性背诵完要好。

四是每次复习相同内容时，打乱复习的顺序。背诵英语单词时，第一次复习时找出从没背过的单词，第二次复习时可以先不背上次背过的单词。背诵单词的顺序也不要按照字母表的排序，而是乱序背诵，给大脑增加新鲜感。

五是巧妙利用时间，安排不同类型的复习内容。早晨刚起床时，大脑得到了充分的休息，暂时没有外界信息的干扰，此时复习的知识不会受到双向抑制的影响；晚上睡觉前，不再有新的知识输入，这段时间复习的知识同样不会受到双向抑制的影响。

同学们不要错过这两段黄金时间，可以利用它们复习难度较大的内容。

六是避免长时间连续学习。在长时间连续学习的过程中，要适当休息，时间安排以学习40~50分钟，休息10分钟最为合适。这样，便增加了分段背诵的次数——增加了开头"A"和结尾"F"。

对于大多数同学而言，在学习时进行不同科目之间的切换能有效延缓疲惫感的到来。不过，这种交替学习法无法一次性记住太多内容和知识点,但是因为可以不断接触新知识,学习效率才会显著提高。

而那些被遗忘的知识点则属于我们没有完全掌握的部分,正是我们学习的不足之处,后续对这些内容进行专项强化即可。

05

考试复习：既要全面，又要抓重点

每当临近期末考试，很多同学复习时都会有无从下手的感觉，面对大量的复习内容，不知道该怎么复习，不知道该从哪里开始复习。

想要在期末考试中取得好成绩，除了做好平时的课后复习，打好基础之外，期末考试前的总复习也很重要。选择高效、科学的期末复习方法，可以避免复习时手忙脚乱，能够在期末考试中有更出色的发挥。

"好了，各位同学，本学期我们的所有新课到此结束。下周开始进行期末复习，请大家按照老师的要求认真准备。"临近下课，语文老师嘱咐大家。

"唉，这可怎么办呀？还有一周就要考试了，我哪里复习得完啊！"小董趴在桌子上，无力地叹息着。

同桌小史说："谁叫你不早点开始准备，语文这么多要背诵的内容，临时突击肯定是不行的。"

"需要背诵的课文我早就开始按计划背诵啦。可是语文还有那么多字、词、成语、病句的复习，更何况其他科目也要开始复习。这么多内容，真不知道应该怎么安排。"

"当然是先保证全面复习好，再抓重点复习啦。只要按照一定顺序复习，就不怕安排不过来。"

小董崇拜地看向同桌，说："哇，你好厉害，可以给我讲一讲复习方法吗？"

"想要保证复习范围覆盖全面，就要先从看课本开始，把书本内容再熟悉一遍。想要抓住重点，就得找出老师讲课时提到的重点、难点，这可以通过笔记和复习作业完成。所以，应该结合笔记、作业、错题本来复习。"

"谢谢你小史，听了你的方法，我已经知道该怎么做了！"

在整个学生生涯中，期末考试是除了升学考试以外最重要的考试。它除了考查学生们的阶段性学习成果，也是对学生的学习能力、思维水平的检验。

有些同学平时学习十分用功，可是期末考试就是发挥不出应有的水平。这除了受到应试技巧、考试心态的影响外，还有一个重要的原因，便是期末考试前复习的效果不好，比如复习得不够全面，复习没有重点或者是还没有复习完，等等。

想要避免出现这些问题，同学们可以试着使用下面介绍的复习流程及方法，然后根据复习时间，将其与自己的复习计划相结合，合理分配每一轮复习的时间，以保证在考前复习中充分、彻底、全面地掌握课程知识，不让考试留遗憾。

一、全面复习

期末复习期间，老师会布置各种各样的综合练习卷、专项训练卷。如果只是依靠这些卷子进行复习，肯定不够全面，还容易进入一种"练习卷上考查了什么知识点，才去翻书复习什么知识点"的被动局面。

所以，在完成学校布置的作业之外，同学们应该自己制订一个全面的复习计划，先从课本看起，结合笔记、作业，进行一次全面的知识点的回顾。在这个过程中，要形成复习笔记，主要是列出知识脉络和大纲，并且在其中标注出老师讲课时提到的重点、难点以及自己在这次回顾中不熟悉、没掌握的内容，作为第二轮复习的重点。

二、复习笔记抓重点

有了第一轮复习形成的复习笔记，第二轮复习会更有针对性。第二轮复习主要是整理重点题型，包括本学期课程的必考点、重难点以及自己未掌握的知识点所对应的典型题目。在这次的复习过程中，同学们切忌眼高手低，一定要自己动笔重新做一遍这些题目，才能达到加深记忆的效果。还要记得把做错的、不会做的题目整理到错题本中。

三、梳理错题，避免重复错误

第三轮复习可以将重点放在错题本上。把这些错题再做一遍，找出依然不会的题目，按照原因进行分类——哪些是因为没有掌握知识点做错的，哪些是计算错误造成的错误，哪些是记忆混淆造成的错误，然后按照类别一一攻克。

如果同学们能够合理利用时间，按照上面的流程完成三轮复习，就能较为全面地掌握全书知识点。**此外，大家**

还可以参考下面几种复习方法，提高效率，提升复习质量。

一、分散背诵法

因为我们短时间内的记忆容量很有限，所以想要记住更多的内容，可以分散复习时间和复习材料。例如，50个成语解释，需要1小时完成复习，那么与其集中1小时复习，不如分散开来——第一天复习30分钟，第二天复习15分钟，第四天复习10分钟，一周后复习5分钟。这样既能对抗遗忘规律，又能防止抑制作用的发生。分散复习材料也是如此，与其将50个成语解释一次背完，不如分两次或三次进行记忆。

二、读写结合法

复习时，最怕只动眼不动手。大脑只有输入的过程没有输出的过程，复习效果会大打折扣。复习语文、英语时，可以一边读一边抄，或者一边背诵一边默写。不仅要背诵英语课文和语文课文，还要在考前完整地写几篇作文，以理清思路。

复习数学时，要重新推导全部的公式，并遮住例题或习题的答案，重新列过程计算。

三、变换形式法

期末复习期间，知识量庞大，如果只采用背诵这一种复习形式,难免会让大脑感到疲倦。同学们可以采用多种方法,增加新鲜感。比如,复习语文时,可以选择朗读、背诵、默写、造句等不同的方式;复习数学时,可以采用自己做题、给同学讲题、与老师讨论等方式。

06

重视考前心态，它和复习一样重要

期末考试刚刚结束，桃桃和好朋友诺诺一起走在回家的路上。诺诺十分开心，因为终于考完试了，今晚回家可以小小地放松一下。可是桃桃的情绪却有些低落，一路上都是无精打采的样子。

"唉，怎么办啊？诺诺，这次考试我又考砸了。"

"才考完，你怎么就知道自己考砸了？"

"我考完试和同桌对答案了，发现数学算错了好几道题。"

"就错了几道题而已，没关系啦。"

"可是语文的诗词默写我也写错了，明明都是考前背诵过的内容，结果到了考场上一句都想不起来。"

"桃桃，你是不是太在意这次考试了，感觉你压力好大呀！"

"是呀，每次考试前我都特别紧张，有时候还会感觉大脑里一片空白。"

"桃桃，即使真的成绩不理想，你也不要太放在心上，只要继续努力就好啦。"

同学们也会像桃桃一样，因为考试之前过度紧张而影响考试发挥吗？如果你也存在这种问题，可一定要注意调节好考试前的心态，因为心态和复习一样重要。

同学们在考试之前容易出现两种极端心态。一种是对考试完全不在意，没有任何压力。另一种是过于在意成绩，由于过度紧张导致考试中思维混乱，记忆力受到消极影响。

其实，适当的压力对考试有一定的积极作用，它能让我们在考前复习时更有目的性，避免出现轻视心态，从而强化复习效果。但是，过度的紧张会影响大脑的活跃程度，起到反作用。所以，对于考前心态的调整要掌握适度的原则，避免出现两种极端情况。尤其是考前容易过度紧张、焦虑的同学一定要学会自我调节。如果连普通的期末考都无法淡定地面对，那么到中考、高考的时候又该怎么办？

下面的几种方法从调整考前作息、调整复习策略、转移注意力以及自我暗示四个方面，介绍了**如何调整好考试之前的状态**，同学们不妨尝试一下。

一、调整考前生物钟

考前复习阶段，大家往往会比平时更加努力，但有些同学努力错了方向。很多同学选择晚上熬夜复习，仿佛只有这样才能证明自己用功了。但是第二天上学时，头脑却昏昏沉沉的。白天的课程没有学好，只能依靠课后弥补，所以晚上又要熬夜。结果，就这样陷入恶性循环，不仅课堂上的内容没有掌握，课后的复习也没有达到效果。所以熬夜复习更多的是获得一种心理安慰，而非实际效果。考前复习期间，学习再累也至少要保证充足的睡眠时间。

同时，为了让大脑的生物钟与考试时间更加契合，可以从考前一个月起，就按照考试的顺序调整自己复习的顺序。例如，考试顺序是上午考数学、语文，下午考英语，那么同学们在复习时可以上午做数学和语文的练习卷，下午做英语练习卷，这样可以让大脑更加适应考试的氛围和节奏。

二、根据身体状态调整复习策略

没有人能够让大脑一直处于兴奋状态，在一天中有高效的时刻也有疲惫的时刻。我们不能违背身体规律来复习。例如，午餐后，人很容易感到困倦，这个时候如果不去午休而硬要做题，反而容易因疲惫出错，不但达不到练习的效果，还会影响心态。

同学们不如在一天中大脑最清醒、思维最活跃的时候，复习那些较抽象、较难理解的知识；在比较困倦、精力不济时适当减少学习任务，或是停下来休息片刻。

三、转移注意力，缓解焦虑

整理内务可以帮助转移注意力，缓解焦虑。比如在考试前一天的晚上，将考试需要用到的铅笔、橡皮、尺子等文具准备好，分门别类整理好考试资料，收拾好书包，准备好第二天要穿的衣服，等等。这样，既能保证第二天起床就可以背上书包出门，又有助于平复心情。

如果条件允许，在睡觉之前洗一个热水澡，这样不仅能够消除疲劳，也可以帮助放松心情，缓解紧张的神经。

此外，听音乐也是一个不错的选择，可以选择平时最喜欢的音乐，一边整理内务一边听，或是一边洗澡一边听，但是不要一边学习一边听，这样会降低学习效率。

最后，记得在睡前定好第二天的闹钟，确保闹钟能够按时响起。如果是十分重要的考试，那么可以多定几个闹钟。考试当日的起床时间可以比平时稍早一些，留下 10~15 分钟做一些有氧运动，诸如慢跑、散步等，缓解心中的焦虑。

进入学校以后，不要和同学、朋友讨论各自的复习情况。过多的交流会引起攀比心理，一旦发现有别人复习到而自己遗忘了的知识点，会影响心情，破坏考前心情。

拿到考卷后，如果感到呼吸困难，大脑里一片空白，要提醒自己深呼吸。同时，可以用力攥紧拳头或是紧绷身体某个部位的肌肉，然后突然放松，反复几次，达到静心的效果。

四、自我暗示，直面焦虑

有些同学考试之前的焦虑情绪格外严重，已经到了通过听歌、运动都无法放松的程度。

如果出现这种情况，最有效的方法是直面心中的焦虑，通过积极的自我暗示，缓解紧张、焦虑。

你不需要假装安抚自己——"啊，这次考试不重要，没考好我也不在意"——也不用强行无视它，欺骗自己的内心。

你真正要做的，是一个人静下来，认真感受内心的焦虑和担忧，并认真思考自己为什么会因为即将到来的考试而忐忑不安，它为什么对自己如此重要。再想一想自己为了这次重要的考试付出了多少努力。

这样，你会开始对自己产生认同感：原来我已经做了这么多准备，复习了这么久，不如认真地考试，其他不要多想。

07

考后总结，是为下一次更好地"战斗"

"耶！期末考试的成绩单出来啦！"随着一声欢呼，强强回到家中，第一时间打开了电视。

妈妈走过来，关切地问强强："怎么刚回家就看电视啊？你的考试成绩怎么样？"

"语文90分，数学95分，英语95分，还不错吧？"强强骄傲地回答。

"是比上次考试成绩提高了，不过考完试了也不要放松。"

"哎呀，妈妈，好不容易考完试，先让我放松一下吧！"强强一边说，一边目不转睛地看着动画片。想到孩子复习时的辛苦，妈妈没有再催促强强学习。

可是三天过去了，强强依然没有拿出期末考试的试卷进行整理的打算。妈妈只得再次提醒他："强强，你期末考试的错题整理了吗？有没有对这次考试进行总结？"

"考后总结不就是整理错题嘛，我已经整理好啦！"

"考后总结可不是整理错题这么简单，你还要对考前复习情况、考试中的做题情况等进行复盘，要做的事情还有很多。"

"这也太麻烦了吧，妈妈，有必要做这么多吗？"

"当然了，强强，考试可不仅仅是考查你对知识点的掌握情况，同时也是对你的学习能力、学习习惯的检验。做好考后总结，也是为了更好地制定下学期的学习目标。"

很多同学认为考试结束就算完成了任务，却忽略了考后总结这一项重要的工作。大家都知道"失败乃成功之母"，可是如果失败之后不及时总结经验教训，那么失败再多次也很难获得成功。

考后总结，不仅仅是整理错题这么简单，想要对一场考试进行全面的总结，要从整体发挥情况、知识点掌握情况、考试技巧三个方面进行分析与总结。

通过总结复习过程、知识点掌握情况，分析错题成因，找到考前复习的不足，提醒自己下一次考前复习时注意弥补。然后总结考试过程，包括考试心态、计算速度、时间分配等。最后分析错题，整理错题，这样算是一次完整的总结。

一、整体总结

想必每位同学在考试之前对自己的成绩都有一定的期望，心中会有一个简单的目标。那么，这次考试是否达到了你心中的期望？是否真实地反映出你这段时间的学习水平？同学们通过下面几个问题寻找答案：

（1）这次考试成绩是提高了还是下滑了？

（2）如果成绩提高了，是因为考题正好都复习到了，还是有些题是猜对的？

（3）如果成绩下滑了，问题又出在哪里？是因为考前复习不够全面，还是因为没有调整好心态？

（4）这次考试前的复习计划是否合理，有没有因为复习不到位、知识点没记牢而做错的题目？

认真回答这些问题，可以让我们更好地了解自己的真实水平，不会因为某一次获得的好成绩而骄傲，也不会因为某一次的成绩下滑而太过消沉。

二、知识点总结

知识点总结是错题总结的扩展延伸，是期末考试总结中最重要的一环。**在进行知识点总结时，有两种情况同学们一定要避免：一种是根本不进行总结**。考完试就将卷子丢在一旁不管不顾，那么这次考试就失去了意义。**另一种是只整理错题，背正确答案，不去分析做错的原因**。这属于无效的整理，知识没有灵活掌握，下一次遇到相似的题目还是会做错。

正确的做法是，对整张卷子进行一次全面的复盘。此时要关注的不只是做错的题目，还要通过回想自己在考试中做每道题的状态，找出考试中作答不流畅的题目，以及凭运气做对的题目。这些题目反映出你所掌握的知识体系中的短板或缺漏处。

其次，同学们应着重复习这些题目背后考查的知识点以及相关的知识体系。千万不要"就题论题"，如果只是将错题本身改正了，而不复习知识点，则是浮于表面，而没有找到背后的深层原因。

例如，做错了一道考查英语冠词的单选题，那说明你对冠词这部分的知识掌握得不够牢固，所以需要将全部冠词的用法再梳理一遍。一道数学大题的计算有误，则要好好想想自己是不是没有牢固掌握四则运算，是不是没有学会解方程的方法。所以，同学们应该深挖题目背后的知识缺陷，由点及面，对题目所涉及的知识做一个更深、更广的复习。

三、考试技巧总结

这部分总结主要是反思自己在考前复习阶段及考试过程中有没有不够完善的地方。依然是通过下面几个问题进行自我总结：

（1）考试中时间安排是否合理，有没有出现"前松后紧"，最后来不及答题的情况？

（2）考试中有没有出现填错答题卡、誊抄答案有误等低级错误？如果有，该怎样杜绝这种低级错误的发生？

（3）这次考试的心态调整得如何？有没有因为某些题目太难而产生焦虑情绪，进而影响了正常水平的发挥？

通过考试技巧的总结，可以发现自己在学习中的不足，可以通过一次次的考试积累更多的经验。毕竟掌握了考试技巧，有助于提高考试成绩。

对每次考试进行全面总结,是为了下一次能更好地"战斗",也是为了更好地制订日后的学习计划。犯错并不可怕,可怕的是错而不自知。让每一次犯错成为我们前进的动力,在每一次反省中找寻自己的目标,让自己变得更强。

chapter 6

第六章

假期安排好，回校没烦恼

01
周末兴趣班别太满，留点时间给学业

很多家长喜欢给孩子报兴趣班。

新学期伊始，妈妈给花花报了很多个兴趣班：有开发大脑的编程班、锻炼体能的舞蹈班、培养特长的钢琴班和训练口才的演讲班。整个周末，花花都要跟着妈妈在外奔波。

周六上午是编程课，花花一大早便被妈妈叫醒，起床时间甚至比上学时还要早一些。来到编程教室，花花意外遇见了自己的同学佳佳。

"好巧呀，花花，没想到能在这里遇见你。"

"佳佳，你也来上编程班啦！"

"对啊！我妈妈这学期给我报了好多兴趣班，我待会儿还要去学围棋。"

"我也是，我下午要去练舞蹈。"

"花花，你作业写完了吗？"

"还没有。"

"我也是！"佳佳有点苦恼。

相信这是不少同学周末时的真实写照，为了培养孩子的综合素质，促进德、智、体、美、劳全面发展，家长会给孩子报兴趣班，可是盲目报名的话，会影响孩子的周末作息。更何况，市场上层出不穷、五花八门的兴趣班加剧了家长和学生的焦虑。

兴趣班的好处有很多，它可以提高孩子各方面的能力；拥有一技之长也能增加自我展示的机会，让孩子在人群中脱颖而出；对于性格内向的同学，兴趣班让他们变得活泼开朗，能交到更多朋友。

但是兴趣班报得太多，也会带来很多弊端：过多的兴趣班会加重学生的负担。上兴趣班会占用休息、写作业和复习的时间，继而影响周一课堂上听课的状态。

同学们周末上兴趣班固然辛苦，可是父母也没有轻松到哪儿去。我们在教室上课，父母站在外面等候。如果周末还要加班，那父母就更累了。

如何找到兴趣班与学业之间的平衡，成了困扰很多父母和孩子的问题。如果你的家长也为你报了各种兴趣班，导致周末被各种兴趣班占满，不妨邀请父母一起来学习下面几条原则，**适度选择兴趣班，让你在周末松口气**。

一、确定喜好再报名

有些时候，报名兴趣班并不是出于自愿，很可能是父母为了完成"未竟的梦想"而替我们做决定。父母小时候受到条件限制，无法实现某些愿望，便把这种梦想寄托在我们身上。可如果我们对此并不感兴趣，那么往往是花了钱但没有收获好的结果。

还有一种情况是，我们因为一时兴起，对某种乐器或某项运动产生了好奇心，父母便兴冲冲地为我们报了名。可是学了几节课后，我们就对这些内容失去了兴趣，再也不愿意去触碰。

面对这些情况，我们应该和父母进行沟通，请他们充分了解我们的真实想法并尊重我们的意愿，不要强制为我们报名，更不要将他们的想法强加给我们。

各位同学要做到先了解再学习，不能对某种乐器、运动一感兴趣，就一时冲动去报名学习。我们可以通过网络查找资料，或是与正在学习这种乐器或运动的同学聊聊天，弄清楚这种乐器或运动的特点和学习过程中遇到的难点，想清楚自己是否适合，能否克服其中的困难，再考虑报名学习的事。

二、根据年龄选择

不顾年龄限制选择不适合的兴趣班，可能会让我们难以融入群体，从而导致失去学习的兴趣。

例如，书法是一种技巧性很高的艺术，想要学好需要花数年时间坚持练习。低年级的学生由于对文字的理解还不够深入，所以练习起来容易感到枯燥。在这种情况下，如果兴趣不足更难坚持。

三、拒绝盲目跟风

很多同学容易和身边人攀比："我的同学会下围棋，我也要去学。""朋友会三种乐器，我也不能落后。"……一旦产生攀比心理，就容易因为心急而盲目跟风，选择并不感兴趣的兴趣班。

与其盲目跟风，不如找到一两个真正感兴趣的、适合我们自身天赋的兴趣班。这样不但有目标，也更容易坚持下去，将兴趣变成特长。当然，也能留出更多的时间给学业。

四、选择好的学校和老师也很重要

好的老师是我们的引路人,能为我们指明正确的方向,但是我们也要仔细甄别。对于兴趣班,尤其是某些存在危险的兴趣班,如跆拳道、游泳等,在选择时一方面要考察办学机构的资质,另一方面要考察教师的业务水平。各位同学和家长在选择兴趣班时一定要多试听、多考察、多辨别。

02

小长假很短，可别玩"嗨"了

端午节假期刚过，第一天回来上学的同学们都在兴奋地谈论着各自小长假的经历。彬彬并没有参与大家的讨论，他悄悄地对同桌说："小远，你可不可以把数学卷子借我抄？"

小远疑惑地看向他，问："抄卷子？你没写完作业吗？"

"你小点声，别被老师听到啦。"

"你在假期里做了什么，三天时间都没写完作业？"

"我……我这不是出门旅游了两天嘛，回来后太累了，作业没来得及写完。"

"怪不得你写不完作业。"

"我下次不会啦！小远你快把卷子给我看看吧！"

"我不能借给你。老师知道后可能会批评我们……"

读万卷书，行万里路。旅游可以让我们开阔眼界，增长见识。利用假期出门旅行是当下很多家庭的习惯，通过旅游，我们得以亲身感受祖国的大好河山，观察丰富的人文景观，了解各地的风俗文化、饮食习惯。

有的同学因为父母工作的原因，无法在寒暑假出游，便只能利用小长假出游。不过，学校每学期的课程安排十分紧凑，如果在小长假或周末安排长途旅行，显然不合适。

小长假很短，同学们要认真做好假期计划，在兼顾学业的同时，短暂放松即可，可别在这短短的假期里玩"嗨"了。

那么，各位同学该如何规划自己的小长假呢？如果不出门旅行，我们又能在假期中做些什么呢？

首先，在完成作业的前提下规划假期。同学们应该在放假的前一天晚上，列出全部假期作业，包括书面作业和背诵、复习作业。然后，预估完成作业所需要的时间，并且给自己留一些空闲时间，以避免发生突发事件。最后，根据学习计划，合理安排娱乐活动。

其次，当日往返的周边游更适合小长假。同学们如果想走出家门，去户外游玩放松，可以让父母带自己去所在城市的郊区，或者自驾去邻近的城市进行周边短途游。一天的时间既不会导致身体过度疲乏，又不会花费太长时间而耽误学习。此外，出游日尽量不选在假期的最后一天，以免疲劳或心情过于放松，导致第二天上学难以收心。

最后，主动拒绝诱惑，减少频繁的聚会。有些同学虽然没有在小长假出门旅行，但是聚会可没少参与。不但天天跟着父母走亲访友，还会约上好友、同学一起玩耍。

嘉南的父母平时工作十分忙碌，周末经常需要加班，再加上老人不能在身边照看孩子，所以嘉南的周末和假期总是一个人在家度过。但她并没有因此荒废学业，虚度时光。相反，这样的生活状态练就了嘉南独立、自律的良好品质。无论父母是否在身边监督，她都能做到按时起床，认真吃饭，按照计划完成作业，然后自己练习钢琴和书法。

保持自律，应该体现在生活中的每时每刻。即使是放假期间，同学们也应该保持自律，学会主动拒绝诱惑，减少吃喝玩乐的时间，不能对学业掉以轻心。

而且，小长假里除了学习，还有很多有意义的事情可以去做。比如，在不需要父母帮助的情况下，进行一次彻底的房间打扫；跟着家长学做几道炒菜，品尝自己的劳动成果；陪着爷爷奶奶或外公外婆去公园散步；和家人去影院看一场电影；等等。只要你用心观察，就会发现生活中除了学习和玩耍，还有很多有意义的事情。

03

寒暑假过去，许多同学都在偷偷进步

寒假、暑假是每个学生一年中最盼望的日子，因为放假时间长，可自由支配的时间多。寒暑假怎么过，对新学期有着很大的影响。有的同学在放假前便早早地制订好了假期计划，而有的同学一到放假就成了脱缰的野马，玩一天，睡一天，懒散一天，就是不学习，假期结束时，作业没写完不说，也没有任何收获。

暑假结束了，四年级的同学们升入了五年级。今天是学校开学第一天。班会课上，班主任杨老师和同学们探讨他们是如何度过有意义的假期的。

杨老师微笑着说:"丁依依,你来给大家讲一讲,你是如何度过这个假期的。"

丁依依站起身,面对同学们期待的目光,不好意思地挠挠头,回答说:"其实,我只是认真整理了上学期期末考试的卷子,分析错题产生的原因,并针对性地进行了专项训练。然后利用假期复习了四年级的数学课本,又在开学前将五年级的数学课本预习了一遍。"

杨老师赞许地看着丁依依,对同学们说:"这才是一个有意义的暑假,没有荒废学业,及时弥补自己的短板,非常自律。相信丁依依同学在本学期一定可以取得更好的成绩。"

对于学生而言,怎样才算是度过了一个有意义的假期呢?在学习上,按时完成作业,没有丢下所学的知识;在生活上,作息规律,定期运动,进行适量的户外活动,既能开阔视野,又能锻炼能力。

当然,这只是最基本的要求。**寒暑假时间这么长,如果能合理规划、高效利用,能做的事情还有很多。**

一、补足弱势科目，强化优势科目

有的同学某一门课程的成绩不理想，学新课的时候感到吃力，是因为对这门课的基础知识掌握得不牢，所以这门课就是他们的弱势科目。寒暑假则是一个纠正偏科、补足弱势科目的好机会。我们可以利用假期，将过去的教材拿出来，从头开始，重新学习。

先通读教材，重新梳理知识脉络，复习重点知识。例如：对于数学，应重点复习基本概念、原理、公式、定律；对于语文，应关注生字、生词，以及需要背诵的课文、古诗词；对于英语，应该牢记课文中的单词，熟背它们的发音、拼写、词性及用法。

然后重新做一遍课本例题、课后习题及错题，以巩固知识点，再配合练习题，将其中依然没有掌握的题型、知识点单独标注，进行专项训练。

对于弱势科目，提前预习也十分重要。为了保证开学后能够紧跟老师进度，不再被弱势科目拖后腿，同学们一定要进行预习，尤其是将自己看不懂、学不会的内容标记清楚，开学后有目的、有重点地听课，提高学习效率。

对于自己的拿手科目，同学们也不应骄傲自满，可以趁着假期进行拓展学习，以巩固优势，强化学习能力。例如：数学成绩优秀的同学，可以在假期适当地做一些课外习题，学习更多的解题思路及方法，拓展数学思维；英语成绩优秀的同学，可以在假期扩充词汇量，挑战高阶阅读材料，并且加强口语练习；语文成绩优秀的同学，可以扩大阅读范围，除了课程规定的必读书目外，寻找自己感兴趣的书进行阅读，增加阅读量，进一步提升写作水平。

二、增加知识储备，开阔眼界

寒暑假期间，同学们有充足的时间发展自己的爱好，培养特长。除了参加兴趣培训班，参观科普类展馆，也是一个不错的选择。

当下，我们国家十分注重科普展馆的建设与发展，场馆也建设得越来越漂亮，布展水平也在逐渐提高，并且每个展馆都配有专业的科普讲解员，为大家介绍科学知识。常参观科普展馆，可以开阔眼界，扩充知识储备。

三、学会自律，自主学习

因为父母工作的原因，有些同学寒暑假需要独自在家。在无人监管的情况下，应该做到自主学习，自觉完成作业。

同学们要保持自律，克服懒惰心理，尽量做到父母不在身边时，也能够按时学习，按时完成各项任务。

如果一开始无法做到，可以请父母帮忙监督，请他们每天晚上回家后，检查当日计划的执行情况，或者与自己的朋友、同学组成学习小组，互相督促，共同进步。

chapter 7

第七章

掌握学习小技巧，事半功倍效率高

01

清除无关因素，学习环境越简单越好

很多学生都有过这种烦恼：为什么在家学习总是不如在学校学习效率高？只要在家学习，听力仿佛增强了十倍，什么样的声音都能被自己捕捉到。无论是电视节目声、手机铃声还是父母聊天的声音，都会吸引自己的注意力。而且在家写作业时经常不专心，小动作太多：不是要喝水，就是要吃东西，要不就是找来各种小玩具摆弄。本来集中精力只需半小时就能完成的作业，却硬是花了一小时才完成。

家里的学习氛围不如学校里的浓厚，孩子的注意力很容易被分散。

这个周末，老师布置的作业比较多，为了保证周日能顺利与爸爸妈妈出门郊游，周六早晨8点，小谷便自觉起床，洗漱，吃早饭。

8点30分，小谷准时坐到桌前开始学习。他今天的学习计划安排得十分满，先背诵半小时古诗文，之后计时完成数学练习卷，还要在午休前完成一篇周记。可是这计划在执行过程中却困难重重。

"独在异乡为异客，每逢佳节……"

"嗡——嗡——"

"每逢佳节倍思亲，遥知……"

"嗡——嗡——"

"妈妈，你不要用吸尘器啦，我在背古诗呢，会影响我的背诵！"

"不好意思，小谷，妈妈等一会儿再干家务。"

完成了语文背诵作业，9点整，小谷拿出数学练习卷，开始计时做题。

没过多久，外婆推开房门，说："小谷啊，要不要吃点水果？外婆给你削了桃子。"

"外婆，我计时做卷子呢，暂时不吃水果。"

还好，数学卷子最终按时完成。简单休息后，小谷决定在午餐前将周记完成。

刚写了几句话，小谷看到文具盒里同桌送的最新的动漫卡片，他立刻将写周记的事情忘到了脑后，拿出卡片玩了起来。

结果，午休前小谷没能完成周记。

同学们是否也有类似的经历呢？在家写作业时，总是会遇到各种状况，分散你的注意力。

如果你有相似的经历，一定要重视。写作业不专心，效率低下，看似只是耽误了一些时间，实际上会降低你的专注力，久而久之，你的专注力会越来越差，变得很难长时间专注听课，考试时答题的速度变慢，正确率也会降低。

下面归纳总结了几种专注力降低的常见原因，各位同学应该注意排除干扰，为自己营造一个安静、整洁、舒适的学习环境。

一、学习场所不固定

有些同学在家学习时十分随性，喜欢躺在沙发上背书，或是趴在茶几上，一边看电视一边写作业，这些都属于不良习惯。想要专心学习，首先要把学习场所固定下来。哪怕是没有独立的房间学习，需要在客厅里或者餐桌上写作业，也要每天在同一个区域写作业，养成习惯，有助于集中精力。

二、一边吃喝一边学习

有些同学的家长担心孩子在学校辛苦了一天，学习费脑子，营养跟不上，需要吃点好的补一补。于是，从孩子写作业开始，家长便不停地端茶倒水、送水果。

如果你的父母也是这样，建议你告诉他们，不要在学习时送吃的、喝的给你，这样会打断你的学习思路，降低你的专注力。写作业时少吃一盘水果，不会影响大脑发育，反而会影响你的学习效率。

三、写作业时环境嘈杂

虽然我们常常被教导要学会闹中取静，无论周围的环境多么嘈杂，都应该心无旁骛地学习，但是定力是需要训练和培养的。同学们如果感觉自己学习时容易被周围的声音影响，无法全神贯注，应及时告知父母，请他们在自己学习时降低电视、手机等设备的音量，放低谈话时的音量，尽量减少噪声的影响。同时，自己也应该有意识地屏蔽这些噪声，不去关注电视和手机。

四、桌面上与学习无关的物品太多

桌面上放置太多与学习无关的物品，势必会影响专注力。有的同学将桌子当成置物架，无论是自己喜欢的玩具、课外书，还是剪刀、彩笔等与写作业无关的工具，都统统堆在桌面上。杂乱无章的环境本就会让人精神疲惫、产生懈怠感，更何况这些物品本身也会吸引我们的注意力。

所以，同学们应该保持桌面的整洁，清除一切与学习无关的物品，不要将所有学习资料堆在一起，而是写哪一科的作业，就只将哪一科的课本和作业本拿出来，写完一科的作业后也要记得及时收进书包里。

此外，还要学会自己整理学习资料，借助文件夹、文件袋等，将不同科目的试卷、阅读材料分门别类地整理好，与课本和习题册放在一处。这样，在进行某一科目的学习时，可以一次性找到全部材料，避免因为翻找资料而耽误时间，分散注意力。

五、文具功能复杂，样式花哨

现在市面上销售的文具五花八门，有带有卡通图案的铅笔，形状各异、带有香味的橡皮，造型奇特的卷笔刀，功能复杂、带有机关的文具盒……它们无时无刻不在散发着吸引力，吸引着我们的目光和好奇心，扰乱着我们的注意力，甚至让我们在学校上课时也难以专心听讲。

所以，对于那些容易被干扰的同学，选购文具时，应以选购纯色、简单的为原则。铅笔可以使用最基础的中华铅笔，橡皮选择白色绘图橡皮，笔袋选择造型简单且容量大的纯色帆布笔袋。

同学们应提高自觉性，加强自律意识，主动清除、远离这些扰乱专注力的因素。

02

总是记不住关键点：
三个方法提高记忆力

晚饭后，爸爸检查晴雪听写的30个英语单词，结果晴雪有3个单词没有记住，1个单词拼写错误。

晴雪懊恼地说："爸爸，我再去多背几遍，待会儿您再检查。"

"晴雪，背单词不能死记硬背，并不是重复背诵的次数多就能够记得牢。"

"背单词这么枯燥，单词之间又没有关联，还能怎么背呀？"

"比如你今天听写时，将'dessert（甜品）'写成'desert'，少一个's'，词义就变成了'沙漠'。

那么你在背诵时，就可以将两个单词放在一起对比记忆。"

"可是，这两个单词这么像，我更容易记错。"

"你可以借助其他元素，通过联想进行背诵。拼写'desert（沙漠）'时，想到沙漠是由'sand（沙子）'组成的，'sand'中只有一个's'，所以'desert'中也只有一个's'。只要记住'desert（沙漠）'的拼写只有一个's'，那与之相似的'dessert（甜品）'就有两个's'了。"

"哇，这个方法好厉害，我一下就能记住'dessert''desert''sand'这三个单词了。爸爸，您还有其他好用的记忆方法吗？"

"记忆的方法有很多，触类旁通。面对不同的记忆内容，你需要学会自己发现并总结其中的特点，灵活使用各种方法来帮助你背诵。"

无论是什么内容的背诵，都不只是简单地重复与回顾，也需要找到合适的方法。在小学阶段，需要背诵的内容相对简单，依靠直接记忆和反复背诵的方式即可应对。但是随着年级的升高、学习科目的增加，要记忆的内容会越来越多，难度也会相应增大。如果不能学会在理解的基础上依靠各种方法进行背诵，还是死记硬背，那么必然会花费大量时间，并且容易导致记忆混乱，背诵效率降低，进而影响学业。

学习记忆方法，并在平时的学习中亲身实践，与自己的思维习惯融合，真正理解并掌握其中的精髓，可以形成自己的记忆方法，帮助增强记忆力，提高学习效率。

一、联想记忆法

联想记忆法没有某种特定的联想方式，而是使用自己认为符合逻辑的方式，通过联想将一些零散的、各自独立的知识点串联起来。最常见的几种联想方式有相似联想、对比联想和形象联想。

相似联想。使用相似联想法进行记忆，要学会抓住不同事物之间相同的背景、性质、特点等，将具有相同点的几种事物放在一起记忆。

比如，认识生字时，可以把字形、字音相近，具有相似性的字放在一组，以一组为单位共同记忆，如：可以把"扬""肠""场""畅""汤"列为一组，把"情""清""请""晴""睛"列为一组。每组字的字形和字音都有共性——第一组汉字的右边都是"旸"，第二组汉字的右边都是"青";第一组的韵母都是"ang",第二组的韵母都是"ing"。

对比联想。对知识点进行比较联想,抓住其特性,可以帮助记忆。当我们看到、听到或回忆起某一事物时,往往会想起和它相对的事物。同学们都知道的《笠翁对韵》便利用了对比联想法。"天对地,雨对风。大陆对长空。山花对海树,赤日对苍穹。雷隐隐,雾蒙蒙。日下对天中。"这首诗中每一句所描述的两个事物都是对应的,放在一起记忆,既提高了效率,又强化了记忆。

形象联想。把需要记忆的材料同某种具体的事物、数字、字母、汉字或几何图形等联系起来,借助形象思维加以记忆。例如,语文课文《雪地里的小画家》中写道:"下雪啦,下雪啦!雪地里来了一群小画家。小鸡画竹叶,小狗画梅花,小鸭画枫叶,小马画月牙。不用颜料不用笔,几步就成一幅画。"这里就用到了形象联想法,通过对动物们的足迹进行联想,就很容易记住各种动物的特点了。

二、立体记忆法

科学研究表明,人对不同形式信息的记忆力由强到弱依次为:经历、视频、图片、音频、文字。其中只有经历是立体记忆，其余的都属于平面记忆。这也是我们总是很难想起昨天刚刚背过的英语单词，却很容易想起昨天在学校和朋友们玩耍的场景的原因。所以，我们可以借助这个特性，人为地将背诵内容立体化，提高记忆力。

例如，背诵"potato（土豆）""football（足球）""fish（鱼）""delicious（美味的）""crocodile（鳄鱼）"这几个看似毫无关联的英语单词时，我们可以将它们放置在自己熟知的某个生活场景中进行背诵：放学时，在楼下看到邻居叔叔正牵着一只"crocodile（鳄鱼）"散步，吓得我飞快地跑回家中。进门后，我发现家里的餐桌上堆满了"potato（土豆）"，我找到妈妈询问原因，发现她正在炖"fish（鱼）"，我不由得夸赞一句"delicious（美味的）"。此时爸爸也下班回到家中，他手里抱着一个"football（足球）"，告诉我他今天在单位的足球比赛中得了第一名。

三、组块记忆法

这里的"组块"可以是比较短的一个数字、字母、音节，也可以是比较长的一个英语单词、短语或句子。无论长还是短，都相当于一个组块。运用组块记忆，就是要将琐碎的知识组成组块，按照组块进行记忆，这样可以增加一次性记忆的容量，提高背诵效率。

我们初次学习某知识时，利用的是短时记忆。短时记忆的容量有限，一次只能记住五至九个组块。短时记忆的功能是暂时性地存储信息。要想长久记住，就必须把它转化为长时记忆。此外，短时记忆中组块的容量对转化的效果也有很大的影响。

例如，背诵《公民基本道德规范》：爱国守法、明礼诚信、团结友善、勤俭自强、敬业奉献。这五个独立的短语便是五个组块，它们互相之间没有明显的关联和顺序，只能不停地重复背诵。即使当下能记住，等过一阵子再去回想，也很难完整复述。

如果我们将这五个组块合成一个，取每一个短语的首字，组成"爱明团勤敬"，就将之变成了一个组块。虽然"爱明团勤敬"读起来不顺口，但正是由于它的特别，反而容易被记住。

03

高效时间管理法：番茄工作法

很多同学都有过类似的经历：明明一件很简单的事情，自己却花了很长时间也没有完成；明明中途没有休息，却花费了比预期中长得多的时间。

这是因为人的专注力是有限度的，超过一定的时间，做一件事的效率就会大打折扣。如果不能准确把握自己的学习效率及工作能力，就会出现计划安排不合理、时间规划不准确的情况。

乔乔今天晚上打算认真复习，准备第二天的期末考试。晚上7点，他坐在书桌前开始看书，但是因为晚饭吃得太多，乔乔有些犯困，便打开了电视，打算再休息10分钟。可没想到电视节目太有趣，乔乔抵挡不住节目的诱惑，看了很久。此时，已经过了近1个小时。

晚上8点，他回到书桌前再次拿起课本，谁知复习了没多久，朋友打来电话。两人一时聊得开心，30分钟后才挂断电话。

晚上9点，外婆又来到房间，要乔乔下楼去搬东西。爸爸妈妈都不在家，没有办法，乔乔只得下楼。等再回到家中，乔乔出了一身汗，只好去洗澡。冲洗完后忽感睡意来袭，乔乔心想：困倦的时候学习效率不高，不如先小睡片刻，等到晚上10点再起来看书。

晚上10点，乔乔从睡梦中醒来，呆呆地坐在桌子前，胡乱地翻看着课本，早已忘了最初的复习计划。

第二天的考试结果可想而知。乔乔看到考试成绩，不甘心地对妈妈说："我明明复习到晚上12点，为什么还是没考好？"

每天放学后的时间看似充裕，但分配给每项任务后，时间所剩无几。短短三四个小时，要吃晚餐、写作业、复习功课，还要洗漱、进行睡前阅读。即使不看电视和课外书，时间也十分紧张。面对如此宝贵的放学后的时间，我们更应该认真规划，合理利用。

由于我们每天上学和放学的时间是固定的，放学以后的时间基本属于可自由支配的课余时间。这段时间是我们安排学习计划、提高时间管理能力的最佳时间。

番茄工作法是一种简单易行的时间管理方法，具有操作方法简单、易于执行等特点。它最早由弗朗西斯科·西里洛于1992年创立。使用番茄工作法学习，可以极大地提高学习效率，还会带来意想不到的成就感。

番茄工作法的基本规则是：选择一个待完成的任务，划分为多个25分钟的工作块，每一个25分钟为一个番茄钟。每个番茄钟期间专注于学习，中途不允许做任何与该任务无关的事，直到番茄钟响起。进行短暂的休息（5分钟），然后再开始下一个番茄钟。4个番茄钟后可以多休息一会儿（25分钟）。

将番茄工作法用于我们的学习任务时，可以这样具体执行：

一、选择辅助工具

番茄工作法最重要的规则是严格按照时间执行任务，

所以我们需要选择一个简单、不易造成分心、可视化的计时工具。可以是计时器、闹钟，或者在网上购买的专门的番茄钟。切忌使用手机计时，这样我们可以避免被手机吸引注意力，导致分心。

二、明确学习任务

在开始学习之前，首先明确当晚需要完成的工作量。将我们要做的所有事情，包括作业、其他活动、兴趣练习、洗澡等全部列出，然后预估完成每件事大概需要的时长，并计算需要使用几个番茄钟（每一个番茄钟代表25分钟）。最后，将全部工作按重要程度和紧急程度排出优先级，计划好先做什么，后做什么，最好在纸上列出全部的计划，再在每项计划后标注需要的番茄钟个数。

有时候，我们难以高效地学习，是因为心里有一些让我们一直惦记的事情。比如，想看最新的漫画书、想吃某种零食等。那么，在安排番茄钟的时候，要合理规划休息时间，利用休息时间将这些事情做完，以便抛开杂念，更专心地学习。如果刚开始难以适应这样的学习模式，可以将休息时间延长至10分钟，之后再慢慢缩短。

三、执行任务

安排好计划后，便可以开始执行。要记住，在每一个番茄钟内,要做到"三不原则":不抬头,不开口,不停笔。无论中间发生什么事,都不能中断任务。如果任务被中断,就要调整计时,重新开始。

这也是番茄钟设定为25分钟的原因,因为时间较短,大部人都能通过练习做到最大程度的专注,且不会因为时间过长而产生疲惫感。

四、回顾与总结

在全部任务完成以后,或是睡觉之前,可以简单复盘今日番茄钟的使用情况:对比预估时间与实际执行用时,判断预估时间的准确性;回忆学习过程中有没有被打断的情况,判断专心程度。然后通过以上两点思考自己的学习效率是否有所提高。

回顾是为了完善第二天的计划,这是一个循序渐进的过程。有规律地回顾和总结能激发我们的学习热情,也能让我们看到自己的进步和成就。

此外,在设定番茄钟时,要学会合理拆分计划。将大任务打散,小任务合并。

这里的大任务是指需要5个以上番茄钟的任务。(尽量不要在晚上安排过多的学习任务,以免影响第二天的学习效率。)

而小任务则是指背10个单词、做20道口算题等短时任务。这时候，我们可以将几个小的任务合并起来，在一个番茄钟内完成。同一个番茄钟内最好安排相关联的小任务，以避免不停地切换学习的科目，降低学习效率。要知道使用番茄钟的关键是要提高整体效率、养成习惯。

04
找到小伙伴，互相监督，共同进步

贝儿的爸爸妈妈最近发现，贝儿的书包里忽然多出来一个小本子。她每天都要拿出来，在上面写写画画。爸爸妈妈对这个本子十分好奇。

有一天，爸爸忍不住问："贝儿，你这个小本子是做什么用的呀？"

贝儿神神秘秘地说："爸爸，这个是老师发给我们的秘密武器，是用来记录的本子。"

"秘密武器？一个本子为什么是秘密武器呀？"听到女儿的回答，爸爸困惑地问。

贝儿解释说："这是我们互助小组的监督记录本，老师说这是学习进步的秘密武器。"

"哦？听起来很有意思，可以给爸爸具体讲讲吗？"爸爸继续问。

贝儿耐心地给爸爸解释道："老师让我们自己寻找小伙伴，组成学习互助小组，然后给我们每人发一个记录本，用来记录每一天小伙伴学习、听课、交作业的情况。每天早晨，我们要交换记录本，查看自己有哪些不足和问题，最后共同讨论解决方法，一一改正。"

爸爸赞许地说："互相监督，共同进步，这真是个好办法！"

作为小学生，我们往往欠缺自律能力，需要他人的监督才能完成学习任务。但是父母和老师作为成年人，不能时时刻刻陪在我们身边。而我们的同学是上学期间与我们相处时间最久的人，那么同学之间互相监督就成了一种很好的方法。因为对彼此足够了解，对学校、老师的各项要求熟悉，所以大家更容易发现对方存在的不足，也更容易通过对比、参照，发现自身存在的问题。互相监督，既可以督促对方学习进步，又可以在小伙伴的监督下尽快改正自身的缺点，大家共同进步。

合作学习能促使小组成员发挥各自的优势，取长补短，提高学习能力，进而提升学习成绩。同学们凑在一起讨论学业上遇到的问题，发散思路；交流生活中的烦恼，互相倾诉，纾解压力。在这种轻松、和谐的氛围中，每个人都能自由地表达自己的观点，彼此之间也能相互理解。因而它能激发学生学习的积极性和主动性，并有效激发每个人的学习潜能，提高学习效率。

组成学习小组的成员人数没有限制，可以是同桌两人，也可以是住得比较近的几个同学。成绩较好的同学可以帮助基础较薄弱的小伙伴，这样也能对自己所学知识进行巩固，对双方都有益处。

合作学习的活动形式有很多，同学们可以根据自己的情况，选择几个要好的同学、邻居组成学习小组，一起感受合作学习的优势与乐趣。

小组活动形式一：互相检查作业，制订学习计划。需要注意的是，大家不可以借机互相抄作业，而应该独立完成作业后，交换作业，进行批改。

如果一个学生被赋予了老师的权利，他在感到光荣的同时，也会感到有压力，表现出不同以往的积极性，以便让自己能够担负起这种责任。

大家交换批改作业，就相当于学生站在了老师的立场，用老师的思维方式看待作业，不仅能锻炼责任心，日后对待作业也会更加认真、仔细。检查他人作业的过程，也是自己再次回忆、复习的过程。查找别人的错误的同时，能反思自己有没有犯同样的错误，有利于加深记忆。

除此之外，小组成员还可以设立一个共同的目标，例如"期末考试总分提高10分"等可量化的指标，然后制订小组学习计划和个人学习计划。这个过程需要所有组员协商、交流，大家也可以借此机会，参考他人制订计划的逻辑思路，完善自己的计划，争取让每个人的计划都能合理、有效地执行。

开始执行学习计划后，每天问一问自己的伙伴有没有按时完成计划。这既是对他人的督促，又是对自己的提醒。在这种良性的循环下，大家会时时刻刻受到监督，学习效率自然比一个人闷头苦学要高得多。

小组活动形式二：互相当老师，边讲边复习。学习，不光要学进去，还要能讲出来。可以通过给他人讲课来验证自己是否真正掌握某个知识点。如果能够有逻辑、有条理地讲明白某个知识点，将他人的疑问解答清楚，那么便可以证明自己彻底掌握了这个知识点。

讲课的方式有两种。一是根据小组成员的学习情况，选出各科成绩最好的同学当老师，为其他同学讲解课本上的重点、难点或大家不会的题目。二是将原本不会，后来才掌握的知识点讲给他人听，看小伙伴能否听懂自己的讲解，从而检验自己是否真的掌握了这道题目。

小组活动形式三：使用头脑风暴法。这是一种开发创造能力的集体训练法，也叫作"智力激励法"。通过这种方法，同学们可以放开想象力，更加自由地思考，进入全新的思想区域。当一个同学产生新观点和新想法时，应该大声说出来，以便其他的小伙伴在此基础上产生新观点，从而拓展思路，产生更多的新观点和更多解决问题的方法。

无论是在学业上还是在生活中遇到问题，大家都可以大胆地提出来，邀请组员使用头脑风暴法，集思广益，共同解决困难。

为了使讨论的效率更高、效果更好，应注意以下几点事项：

1. 做好会前准备工作。 就需要讨论的问题，预先查找资料，以供参考。

2. 做好记录，避免讨论内容太多而出现遗漏。

3. 不允许评论或抨击他人的发言，要理解并尊重所有的观点。

大家进行头脑风暴时，要积极发言，别害怕说错或说得不好。只有每个人积极主动地表达，才能更好地激发灵感，从而打开思路，产生新的灵感。

Chapter 8

第八章

从他律到自律，助你学会主动学习

01
提高学习能力，与掌握学习技巧同样重要

每个学生都渴望获得优异的成绩，每个学生都希望得到他人的认可。要想提升学习成绩，成为人群中的佼佼者，除了掌握科学有效的学习方法以外，提升学习能力也十分重要。影响学生学习能力的因素有两个，即智力因素和非智力因素。

智力因素是人们在日常生活中，直接参与认知过程的因素，包括注意力、观察力、记忆力、想象力、思维力、语言力、操作力等，属于智能操作系统。而非智力因素是指智力因素以外的一切因素，包括兴趣、意志、自信心、习惯、情绪和情感等，它在我们的日常生活中起到引导和

维持的作用，属于动力系统。

所以，想要获得优异的成绩，首先需要提高学习能力；而学习能力的提升，需要从智力因素和非智力因素两方面入手。

一般学生的智商，足够应付小学阶段的学习，反而是非智力因素的不足，会给学业带来消极影响。但是，智力因素对学习能力的提高很重要。比如，专注力不足可能会影响听讲过程中接收信息的速度和准确性；阅读能力不足会导致阅读时无法准确捕捉信息，也会导致理解偏差，从而造成错误。想要提高学习能力，同学们应该注意做到以下几点：

首先，培养隐性学力。这是一种发展性的力量，既包括智力因素，又涵盖非智力因素。做学霸绝不只是做到"两耳不闻窗外事，一心只读圣贤书"那么简单。小学阶段要求大家德、智、体、美、劳全面发展，也正是为了培养我们的隐性学力。

增加课外阅读、发展兴趣特长、参加文体活动都是提升隐性学力的好方法。阅读使我们内心丰盈，让我们开阔眼界，丰富精神世界。精神富足的人，面对困难时会更有底气和自信。发展兴趣特长可以让我们找到学习之外的乐趣。随着年龄的增长，你会发现，有一项持之以恒的爱好可以舒缓压力、缓解焦虑、增加自信，为我们的内心补充能量。参加文体活动不但能够开发大脑、强健体魄，还能锻炼我们的组织能力、合作能力、控制能力等。丰富多彩的课余生活，是我们每个人少年时最美好的回忆。

其次，建立积极的学业自我。也就是对自己学业能力的一种自我认知。这种对自我的评价和判断会影响学习时的自信心。

具有积极学业自我的同学，对自己的学习能力充满信心，能够认清自身实际水平，确定适当而又具有挑战性的目标。他们可以掌控学习过程和预估学习的结果，能够积极主动地投入学习活动中。

学业自我概念会影响学习动机、学习兴趣和学习信心，它作为自我意识的延伸，对人格的发展也具有十分重要的影响。同学们可以告诉身边的家人、朋友，请他们在自己学习时以鼓励为主，帮助自己建立在学业上的自信心，从而树立积极的学业自我。

最后，获得自我调节学习的能力。这是一个心理学上的概念，叫作"自我调节学习"，由美国的一位心理学家提出。它指的是学习者为了达到目标，要对自己的认知、情感、动机进行调节和控制，激励自己并且积极地使用适当的策略来学习。自我调节学习是一个循环过程，它包括自我评价与监控、目标设置与计划、计划执行，以及对计划执行结果的反思。

想要学会自我调节学习，必须做到以下四点：

1. 能够独立自主地确定学习目标。

2. 能够意识到自己掌握的学习技巧并确信它们能够产生价值。

3. 相信自己可以不依靠他人来完成学业，调节情绪，攻克难题，成功进行自我调节学习。

4. 有自我学习的意识，并把学习作为一个积极的过程去探究、追求与享受。

02
沉迷网络危害大，学会主动摆脱它

"儿子，回来啦！妈妈给你切了西瓜，快来尝尝。"

"来不及了，妈妈，今天作业特别多，我得赶紧写作业去了。"

最近一段时间，小虎学习特别积极。在学校，他抓住一切课间、午休、自习课等时间写作业。回家后，他也是第一时间回到自己的房间，埋头学习。

看着儿子用功的样子，妈妈又是心疼，又是欣慰。

不过，妈妈从班主任那里了解到，小虎虽然学习积极性提高了，但是学习质量下降了很多。他交上来的作业，经常字迹潦草且有很多粗心导致的错误；在课堂上也频频走神，老师提出的问题常回答不出来。一定有什么事情吸引了小虎的注意力，让他的心思从学习转移到了其他地方，才会出现这样的结果。

焦急的小虎妈妈回到家中，与小虎进行了长谈，终于发现问题所在。原来，小虎每天那么积极地写作业，并不是为了多学一会儿以提升成绩，而是为了尽快完成作业，留出时间玩游戏。

网络游戏、手机游戏、短视频正逐渐侵入人们的日常生活，对于辨别能力和自制力都比较薄弱的未成年人来说，这些娱乐方式已经严重影响了学习。由于沉迷上网、打游戏而出现厌学、逃课的行为屡见不鲜。尤其是随着智能手机的普及和网络技术的快速发展，人们对手机的依赖也日趋严重。无论是家长还是未成年学生，都早已养成了随时随地"刷手机"的习惯。

同时，学生们的学习手段也随着信息时代的发展而发生改变，在线辅导、在线搜题、在线查找资料等都离不开网络。如何平衡学习与娱乐，如何克制自己的欲望，在保证完成学业的情况下，适度、合理地娱乐，是每个同学都应该思考的问题。

想要摆脱网络、游戏对自己的控制，首先要弄明白：我们为什么会对它们如此着迷？

从生物学角度来说，当我们使用手机时，无论是游戏里悦耳的声效，还是短视频里夸张的画面和言语，或是资讯App推送的内容和信息流，都会给我们的大脑带来满足感，刺激大脑分泌多巴胺。这会让我们感到身心愉悦，并且会想要重复获得这种感觉，从而形成渴求，导致出现"行为上瘾"的现象。但是，当我们继续重复同样的行为，大脑被刺激的区域就会产生耐受性。在同样的刺激下，产生的多巴胺变少，大脑自然会渴求更多的刺激。于是便陷入了一种恶性循环：游戏越玩越上瘾，视频越看越停不下来，从此对电子产品产生了依赖。

从心理学角度来说，手机实现了我们跟世界的联系。有了网络，不论家住在哪里，都能够随时随地与朋友交流、联系。有些同学身边小伙伴少，父母工作忙，课余生活单调，缺乏与现实世界的联系，于是通过网络填补内心的空虚。他们试图在网络上寻找朋友，建立人际关系，寻找倾诉内心的途径，也因此沉迷于网络带来的虚幻的社交。

想要放下手机，远离电子游戏的控制，需要针对原因寻找解决措施。同学们可以将下面的方法讲给父母听，请他们帮助自己摆脱手机瘾、游戏瘾，养成健康、积极、正确的生活习惯。

第一，参加户外运动。户外运动的好处有很多：它可以锻炼肌肉，增强身体抵抗力，还可以放松因为学习而疲惫不堪的身体，有利于我们的身体发育；参加户外团体活动，可以提升社交能力，让我们学会在规则内获胜的技巧，同时也能够交到许多朋友。

而且，运动也有助于大脑分泌多巴胺，运动过后的放松和愉快是任何活动都无法替代的。适量地运动能够激发身体活力，增强对疼痛的耐受力，还能缓解焦虑、紧张等情绪。

第二，加强与现实世界的联系。同学们在完成学习任务之余，可以邀请父母或朋友一起做游戏。在室内下棋、搭积木、玩桌游；去室外踢足球、打篮球、踢毽子、跳绳等，除了玩手机，可以选择的活动有很多。

周末，可以约着同学和家长到郊外游玩。和朋友在大自然中畅游，既可以增进友谊，满足社交需求，又可以增加与现实世界的联系，减少网络带来的虚幻感。

第三，做一些有成就感的事。有些同学沉迷于手机游戏，是因为游戏中的奖励机制可以让人获得满足感。不断增加的金币、闯关成功后的升级等，让那些在现实生活中默默无闻、成绩不突出的孩子获得了内心的满足。所以，为了抵挡这种虚幻的满足感，我们可以在现实生活中寻找能够替代游戏、为自己带来成就感的事情，以此替代精神上对电子游戏的需求。

例如，我们可以和父母一起制订一个家务计划，每周帮助父母做2~3次家务，根据不同家务的难易程度，设置不同额度的奖励，还可以根据完成速度、质量，获得额外奖励。刚开始做家务时，我们可能因为不熟练而做得有些慢或是不够好，但没关系，只要有所行动，就是最棒的。

在闲暇之余做手工也是不错的选择。做手工不仅可以培养动手能力和耐心，还能提高专注力。可以请父母为我们购买模型、拼图、各式DIY材料包。当你亲手拼完了某个模型，做出了某件物品，会获得前所未有的成就感和满足感。

第四，使用辅助软件，帮助增强自制力。现在各大手机应用市场推出了很多定时软件，通过设定时间帮助我们强制锁定手机，直到完成任务。借用这类软件的功能，可以强制停止我们玩手机，帮助我们养成自律的习惯，可以在一定程度上避免"刷手机刷得停不下来"的现象发生。

不管我们使用何种方法减少对网络和电子设备的依赖，归根结底还是需要依靠自律去抵抗。这些方法再有效，只要我们自己不主动放下手机去实施，就毫无作用。依靠自律掌控自己的人生，戒断沉迷，是为了取得眼下的好成绩，更是对自己未来的人生负责。

03
用好"四象限法则",掌控自己的生活

做事没有章法,是很多人的通病,当需要同时处理多项任务时,容易出现手忙脚乱的情况。这不仅仅是因为我们做事缺乏计划性,更是因为不懂得时间管理,做事分不清主次。

晚餐时间,一家人正其乐融融地围坐在一起吃饭,小莹却心不在焉,一边吃饭一边看电视。

妈妈不得不关上电视,对小莹说:"今天作业那么多,你还不抓紧吃完去写作业。"

小莹不以为意地说:"还有一晚上的时间呢,肯定来得及。"

吃过晚饭，小莹想起学校管乐队老师新布置的任务，便拿出长笛和曲谱，练习起来。爸爸在一旁提醒道："小莹，管乐队表演不是在下周吗？你可以周末再练习，现在要先完成今天的作业。"

等到小莹好不容易开始写作业，邻居小曦又打来电话，邀请她去楼下玩耍。听到朋友的邀约，小莹穿上鞋子就要往外走。

妈妈终于忍不住生气地说："作业没写完，不许出去玩！"

"可是我不想拒绝我的朋友。妈妈，我就下去玩半小时，可以吗？"

"小莹，妈妈不是不让你跟朋友玩，而是做事要分清主次，要按照轻重缓急安排好自己的事情。你今晚最紧急、最重要的事情是写作业，它不能被其他任何事影响。你可以告诉小曦，等你写完作业再和她下楼一起玩耍。"

很多同学对自己的时间规划不合理，习惯按照自己的喜好决定做事的顺序，总是先做容易完成的、自己喜欢的事，而把那些耗费时间、难以完成的事放在最后完成，结果时间总是不够用，只能为了按时完成任务草草了事。此外，在需要同一时间段处理多件事的时候，有些同学会不知所措，不知道应该先做哪一个，后做哪一个。把所有的事情混为一谈，分不清主次，结果哪一件事都没有做好。

美国管理学大师史蒂芬·柯维提出了时间管理的"四象限法则"，这是一种很好用的时间管理工具。熟练使用"四象限法则"，可以帮助我们合理分配时间，有序规划生活和学习。运用"四象限法则"，把眼下需要解决的事分门别类，按一定的顺序排好，从而提高效率。

具体而言，就是用坐标轴将事物按照重要与不重要、紧急与不紧急分为四个象限，组合起来分别为：既重要又紧急，重要但不紧急，紧急却不重要，不紧急也不重要。

第一象限，既重要又紧急的事。 它指的是对我们来说非常重要且有明确完成期限的事情。比如，每天要完成的作业和即将到来的考试。对于这个象限的任务，你必须立刻、马上动手去完成。但是，同学们对此也要有明确的界定，不能一股脑地将自认为比较重要的事情全部划分到这一类。这样一来，第一象限的事情会占据全部的课余时间，耗费大量的时间和精力，那么"四象限法则"也就变得毫无意义了。

第二象限，重要但不紧急的事。它指的是对我们来说十分重要但没有明确完成期限或完成期限比较久的事。比如，需要长期坚持的乐器练习、提升英语水平、学习某种技能等。

这个象限的事，由于不紧急，就容易被我们忽略和拖延，直到它们变成了第一象限中重要且紧急的事。比如期末考试，因为不是近期的事情，很多同学压根没有复习计划，直到考试前才想起来，不得不临阵磨枪，临时抱佛脚。

所以要注意，最好的方法应该是将重要但是不紧急的事情排在比较靠前的位置，在日常学习生活中有意地进行。

第三象限，紧急却不重要的事。它指的是对我们来说不那么必要但是又需要马上做的事。这类事往往具有迷惑性，因为事发突然或较为紧急，会给人一种事情因紧急而重要的错觉。结果导致我们做了很多与此相关但无关紧要的小事，反而影响了真正重要的事。

做事分不清主次，就是因为无法分辨紧急却不重要的事。比如，对于某个定期播出的电视节目，我们原本可以在空闲时间通过回放观看，可是很多人选择放下手中的一切，守在电视机前收看。

第四象限，不紧急也不重要的事，就是那些无关紧要的、可以不做的事情。这些事情基本上在日常生活的任何一个时段都可以去做。比如看完一本漫画书，品尝美食，和同学去游乐园，等等。如果你把时间都浪费在了这样的事情上，你在以后的生活中会为此后悔不已。

每个人都必须拥有严格的时间观念，并要从小开始培养良好的习惯。只有将看不见、摸不着的时间细致地划分，有目的性地去完成当下的任务，才能避免浪费时间和精力，从而更好地安排学习和生活。

我们在使用"四象限法则"时，可以这样做：

首先，将每天需要完成的全部事项罗列出来。其中包括学习任务、兴趣特长练习，以及放松娱乐项目。

其次，分清楚重要性和紧急性，将这些事项一一分类。在纸上画一个大大的"十"字，将纸面分成四个象限，依次将既重要又紧急的事、重要但不紧急的事、紧急却不重要的事、不紧急也不重要的事填入对应的区域中。

最后，标注每一项工作预计完成的时间，然后根据事情的轻重缓急完成它们。

按照"四象限法则"规划时间时，同学们要记住一个最重要的原则：第一象限的事情立刻去做，第二象限的事情有计划地去做，第三象限的事情延后或拒绝，第四象限的事情尽量别做。

04
自律的你要自觉养成好习惯

"积行成习,积习成性,积性成命。"这句话出自《荀子》。意思是行为决定习惯,习惯决定性格,性格决定命运。养成良好的习惯,往往要从生活中的小事做起,需要我们不断地重复同样的行为,持之以恒,直至形成固定模式而成为自然。于是行为变成了习惯,习惯融于生活,成为性格的一部分。好的学习习惯、生活习惯、处事习惯等,关乎一个人的精神面貌、素质修养,更关乎一个人的人生走向。

寒假来临,妈妈带着小安去舅舅家做客。舅舅的女儿晏晏今年上六年级,还有半年便要参加升学考试,所以这个假期她完全不敢放松,即使是春节期间,也在认真学习。

妈妈说,姐姐是个品学兼优的好孩子,让小安多向姐姐学习。所以,趁着晏晏休息的间隙,小安来到了姐姐的房间。

晏晏的房间简直可以用一尘不染来形容:书架上整整齐齐地码放着从一年级到六年级的全部课本、习题集,课外书也按照从厚到薄的顺序一一排放整齐;书桌上只简单地摆着一杯水、一个闹钟和学习需要的材料;床铺更是收拾得平整、干净。

小安不由得发出赞叹:"姐姐,你的房间比我的干净一百倍!"

"有一个干净的房间,才能认真学习呀!"

"这和好好学习有什么关系呢?"

"当然有关系啦,如果我们无法掌控好自己的生活,又怎么能安排好自己的学习呢?好习惯都是相通的,能够将房间整理得井井有条,自然也能将学习计划得合理有序。"

听到姐姐的一席话,小安若有所思:自己也要学会认真地做好生活中的每一件小事,努力向姐姐看齐。

当我们养成了某种好习惯，它会变成一个自觉的动作和行为方式，在生活中形成惯性力量，为日常行为提供动力。此时，我们不再需要家长、老师的监督和提醒，也不需要刻意地督促自己，因为已经习惯成自然了，我们会下意识地按照习惯行事。不论在生活中还是在学习中，我们都能做到自主、自觉、坚持。

同样，如果我们养成了不良习惯，改正起来也十分困难。因为做错事、做坏事形成了惯性，构成了性格特质，变成了一个人的行事作风，剥离它们会痛苦，改正它们也自然有难度。

自律，不仅是要学会自主安排好生活和学习，更是要做到自觉远离不良习惯，主动养成良好的生活习惯和学习习惯。

在这本书前面的内容中，同学们应该学会了很多自律学习的方法，如果能够认真按照这些方法约束自己并坚持下去，一定可以养成很多良好的学习习惯。请同学们认真对照下面的内容，看看自己有没有养成以下好习惯。

1. 会做学习计划。

2. 每天按时完成作业。

3. 学习时远离手机、电脑，认真专注。

4. 写完作业后，认真检查。

5. 做好课后复习和总结。

6. 睡前整理好第二天上学要用的东西。

7. 坚持早睡早起，作息规律。

8. 每天早晨坚持背诵。

9. 按时预习新课。

10. 课堂上积极举手回答问题。

11. 课堂上认真记笔记。

12. 任何时候，保持字迹工整清楚。

13. 利用碎片时间学习。

14. 常常使用错题本。

15. 考试前系统地复习。

....

没有好的学习习惯，学习中就很容易出现错误的行为方式：不按时写作业，会养成抄作业的坏习惯；学习无计划，会养成无目的、无准备、盲目行事的坏习惯；作息不规律，会养成熬夜、拖延的坏习惯……

这些坏习惯越多，学习效率、学习质量越差。学习是一个良性循环的过程，如果每一天都比前一天做得更好、学得更多，那么就会在不知不觉中累积成巨大的进步。

除了学习习惯，良好的生活习惯也不容忽视。好的生活习惯是养成好的学习习惯的前提。生活中杂乱无序的人，学习中很难不马虎；生活上懒散的人，学习上少有勤奋；生活中没有规矩的人，学习上也不会有章法。

养成下面几个好习惯，会对我们的一生产生积极的影响：

长期阅读的习惯。阅读使我们收获知识和乐趣，阅读使我们获得沉稳和冷静。孤独的时候，阅读让我们得到慰藉；空虚的时候，阅读让我们精神充盈；难过的时候，阅读消解我们的负面情绪；悲观的时候，阅读让我们重新振作起来。阅读使我们更深刻地认识自己、认识世界，观察自己与世界的连接方式，让我们在有限的生命中体会他人无限的人生。

坚持运动的习惯。坚持每天锻炼，有利于生长发育，使身体长得硬朗、结实，有利于头脑发育，使我们变得更加聪明。每天坚持锻炼身体，能增强体质，预防疾病。尤其是户外运动，不但可以让我们呼吸到新鲜空气，沐浴到大自然的阳光，还可以加强身体对外界刺激的适应力和抵抗力。

以终为始的习惯。做任何事，先想清楚目标，再制订计划，然后坚持、努力地向着目标前进。这不只关乎学习上的小目标，更关乎人生的大目标，关乎我们到底要成为一个什么样的人，成就什么样的事业，渴望怎样的成功。生命只有一次，实现人生目标的机会也是有限的，如果不尽快寻找到目标，就会失去前行的动力，迷失前行的方向。

05
消除思维误区，你也能做自律的人

还有一周就要期末考试了，小琪心里却一点都不慌。周五放学，她先是拉着奶奶逛了一圈超市，接着回家看了两集动画片，晚饭又磨磨蹭蹭吃了一个小时。等再抬头看表时，都快晚上8点了！

小琪心想：快要期末考试了，新的课业已经学完，这周末的作业也不是很多，不如今晚就放松一下，明天再写也来得及。于是，她心安理得地拿出一本漫画书，躺在床上一边吃零食，一边津津有味地看了起来。

直到晚上9点30分，妈妈推门进来才发现她根本没有在学习。

妈妈一下子来了火气,她抽走小琪的漫画书,质问道:"小琪,你在干什么?你知不知道你要期末考试了?"

小琪有些发蒙,她回答说:"我知道啊!这不还有一周嘛。这周作业也不多,我想明天再开始学习。"

"你也知道只有一周了呀!复习计划定了吗?"

"我只考语、数、英三门,三天复习一门,时间正好,妈妈放心吧。"

看着小琪不慌不忙的样子,妈妈着急坏了:"你每周六要花一整天上兴趣班,这意味着你的周末只剩周日可以学习。周一至周五你还要上学,只有晚上的时间可以利用。这么算下来,期末考试前,你只剩两天五晚的复习时间。"

"那也挺多的呀……"小琪嘀咕着。

"时间看起来很多,但是你有想过自己要复习多少内容吗?你知道英语要背诵多少单词吗?你知道语文要复习拼音、生词、成语、古诗、作文吗?你知道数学还有多少练习册的错题没有整理吗?"

说到这里,小琪终于意识到了问题的严重性,她赶紧掏出课本,从头到尾翻了起来。但她越看越心慌,原来这一本书的内容有这么多,哪怕只是把课本从头到尾回顾一遍,都要花去一晚上的时间,更别提还有各种练习题要完成。

其实有时候我们不是故意逃避学习,而是没有意识到时间的紧迫和任务的繁重。即使我们认真思考、分析了眼前的情况,也没有意识到哪里出现了问题。结果临到考试才发现,时间来不及了,复习不完了,结果考砸了。

每个人面对期末考试时,难免会产生抵触、害怕、焦虑等情绪,我们的大脑也自然会产生不愿面对现实的想法。这样的念头会让我们的行为变得拖沓,不想打开书包,不想翻开课本,不想做作业,不想复习。

这样的逃避心态很普遍,但要知道,考试是逃避不掉的,不论复习与否,我们都必须在规定的时间坐在考场上,完成手中的试卷。所以,与其什么都不复习,不如拿起课本,能记住一点是一点。

比起偷懒和逃避的心态,一些错误的观念更可怕,它们会把我们的想法带偏,让我们压根感觉不到自己错在哪里,让我们在学习时一路朝着错误的方向走下去。这些错误的观念就叫作"思维误区"。

误区1：我的时间还有很多。

我们总以为自己有大把大把的时间，以为学习任务都很简单，可以又快又轻松地完成。结果发现，无论是写作业还是复习，越是到最后时间越紧。

就拿考前复习为例，我们应该在开始复习前，将这一门课程到底需要复习多少内容在纸上大致列出来。千万不要在心里空想，只有一条一条地写出来，才能直观地看到复习量有多大。因为需要复习的内容可不是只有课本，还有平时的错题、老师讲过的重点，此外，还要做模拟题。所以这么算下来，复习一门科目的工作量真的不少。

同时，不要以"天"作为时间计量单位，而要以"小时"计算。因为我们的大脑会自然地认为"一天"是很长的一段时间，这样就会造成"时间还有很多"的假象。

误区2：我学习时可专注了，绝不会分心。

为什么我们总是觉得自己的时间不够用呢？明明计划一个小时写完的卷子，最后却花了两个小时？这是因为我们做卷子时不专注，因别的事情分心了。

所以，我们要总结自己在学习时分心的原因。

如果是因为忍不住看手机、看课外书而分心，那么就在学习时把这些东西拿到屋外去。如果是因为自己注意力不够集中,那么就把任务细化。比如,把一张卷子分成几大部分,每部分用时25分钟,依次完成。先从小段时间内的专注力开始训练,再慢慢增加集中注意力的时间。

误区3:今天是个特别的日子。

有些学生为了逃避学习,会给自己找各种借口:"今天中秋节,我要和家人一起赏月。""今天肚子疼,不想背单词了。"如果这样,每一天都是特别的日子,都能找出特别的理由,为自己的懒惰找到借口。

遇到这种情况可以请父母帮忙,请他们当监督人。每天早晨把这一天要做的事情告诉父母,约定好严格的奖惩制度。时间久了,就能渐渐改掉随便找借口的毛病。